Deutsch aktiv 3

Ein Lehrwerk für Erwachsene

Materialien
für die Mittelstufe
Teil 2

von Hermann Funk, Josef Gerighausen,
Gerd Neuner, Theo Scherling,
Reiner Schmidt und Heinz Wilms

LANGENSCHEIDT

BERLIN · MÜNCHEN · WIEN · ZÜRICH · NEW YORK

Layout: Theo Scherling

Redaktion: Mechthild Gerdes

Umschlaggestaltung: Arthur Wehner, Grafik-Design BDG, und Theo Scherling

Quellennachweis für Texte und Abbildungen siehe Seite 104

Druck:	5.	4.	3.	2.	1.	Letzte Zahlen
Jahr:	90	89	88	87	86	maßgeblich

© 1986 Langenscheidt KG, Berlin und München

Druck: St. Otto-Verlag, Bamberg
Printed in Germany · ISBN 3-468-**49925**-6

Inhalt

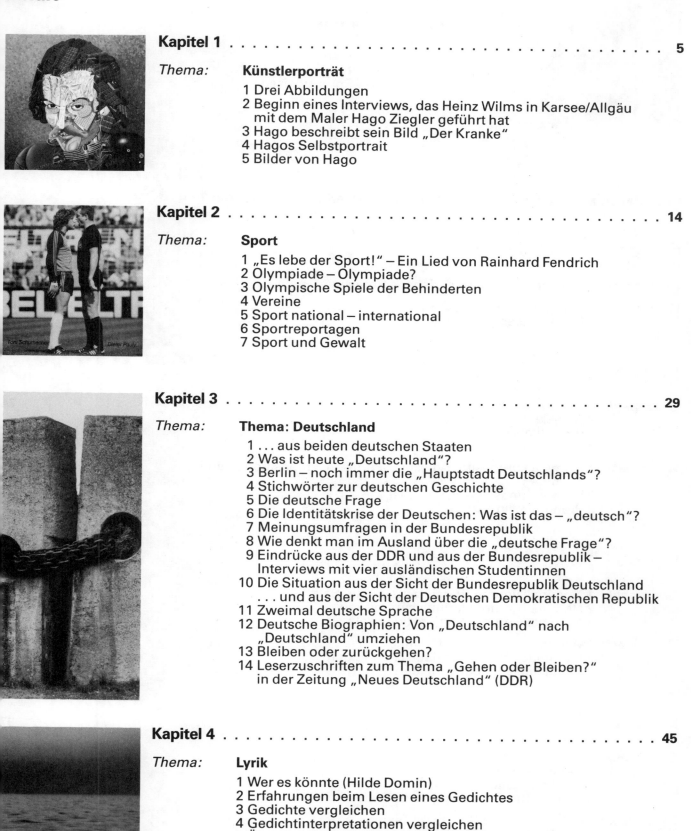

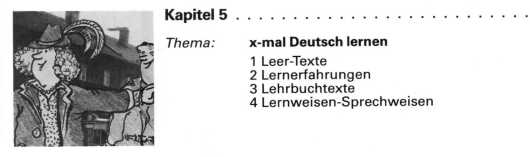

Materialien zur Grammatik- und Wortschatzarbeit zu den Kapiteln 1—4

Künstlerporträt

Aufgabe 1   Vermutungen anstellen

– Beschreiben Sie die drei Abbildungen.
– Können Sie einen Zusammenhang erkennen?

2 Beginn eines Interviews, das Heinz Wilms in Karsee/Allgäu mit dem Maler Hago Ziegler geführt hat

Abschnitt 1

A

„Du bist Maler, wie bist du eigentlich dazu gekommen?" –

„Ach, des hat eigentlich schon angefangen, als ich'n ziemlich kleiner Pimpf noch war. Mein Vater, der hat gearbeitet im Krankenhaus, und der is' abends heimgekommen und na wahrscheinlich ziemlich müd' und hat keine Lust mehr gehabt, viel mit mir zu reden, und na hat er sich halt hingehockt und hat damals so Kindermärchen geschrieben und illustriert – wahrscheinlich für mich und für meinen kleinen Bruder. Und na is' er immer heimgekommen, hat sich an'n Tisch gehockt un'n Wachstuch drübergemacht und hat angefangen, da seine Mäuschen und Fröschchen und so Zeugs zu zeichnen. Und, mei, na hab' ich mich gegenübergehockt und hab' auch gemalt. Und so hab' ich eigentlich bis heute wenig Kontakt mit meinem Vater gehabt über Gespräche und so, sondern ich hab', als ich klein war, eben die ganze Zeit gemalt und gemalt und gemalt. Und später, als ich in der Schule war, da bin ich immer in meinem Zimmer unten gehockt, nachmittags. Und ich hab' in meinem Zimmer eben in der Hauptsache so meinen Zeichenblock gehabt und hab' da so alles mögliche gezeichnet. Und wenn meine Eltern runterka-

men, oder meine Mutter oder mein Vater bloß, um mal zu kontrollieren, ob jetzt ihr Sohn auch fleißig lernt fürs Abitur, na hab' ich da oben mein Englischbuch gehabt und es zack schnell drübergezogen übern Zeichenblock, und na waren die zufrieden. Na ja, und als ich dann's Abitur gemacht hab', na hab' ich mir so überlegt, was ich studieren soll, und, na, nachdem ich so'n paar Sachen angefangen hab', hab' ich halt Malerei studiert. Und, naja, damit war mein Vater eigentlich nicht sonderlich zufrieden; der wollt' eigentlich, daß ich Arzt werd' oder zumindest Rechtsanwalt; da konnt' er sich drunter vorstellen, wie man das Geld verdient und daß des 'n sicherer Beruf ist und so. Na ja, und nach einigem Hin und Her hat er mir dann auch das Studium bezahlt. Nachdem ich ihm hoch und heilig versprechen mußte, daß ich zumindest das Lehrerexamen da mach'. Und das hab' ich dann auch gemacht, das war nicht so tragisch. Na, und nach dem Examen, da hab' ich dann so, um 'n bißchen Geld zu verdienen, Bühnenbilder gemacht und Grafik und alles mögliche. Und inzwischen kann ich so'n bißchen da davon leben."

B

– Malt als kleiner Pimpf
– Vater (Krankenhaus)
  müde: reden

– Vater schreibt/malt Kindermärchen.
– Hago malt auch

– Schulzeit: Zeichenblock = Hauptsache

– Verdeckt Zeichenblock mit Englischbuch

–

C

Hago hat schon „als kleiner Pimpf" angefangen zu malen. Sein Vater, der damals in einem Krankenhaus arbeitete, war abends meistens zu müde und hatte keine Lust mehr, mit seinem Sohn zu reden.
Er hat damals Kindermärchen geschrieben und illustriert, und da hat Hago sich „gegenübergehockt" und hat auch gemalt.
Auch während der Schulzeit war der Zeichenblock für ihn die Hauptsache. Wenn die Eltern in sein Zimmer kamen, um zu kontrollieren, ob ihr Sohn auch fleißig für das Abitur lernt, dann hat er schnell sein Englischbuch drübergelegt. . . .

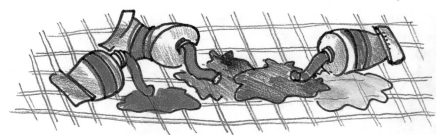

Aufgabe 2 Textsorten vergleichen

– Vergleichen Sie A und B. Sind das in Text B die wichtigsten Stichwörter? Schreiben Sie die Stichwörter für den ganzen Text.
– Vergleichen Sie die Texte A und C. Welche Unterschiede sehen Sie? Was fällt Ihnen auf?
– Können Sie Text C mit Hilfe Ihrer Stichwörter zu Ende erzählen oder schreiben?
– Hören Sie Teil A auf der Kassette. Hago spricht mit schwäbischem Akzent. Woran kann man das merken?
– Wie redet Hago? (sachlich, emotional, übertreibend, untertreibend. . . . .)
– Können Sie sich ein Bild von Hago machen?

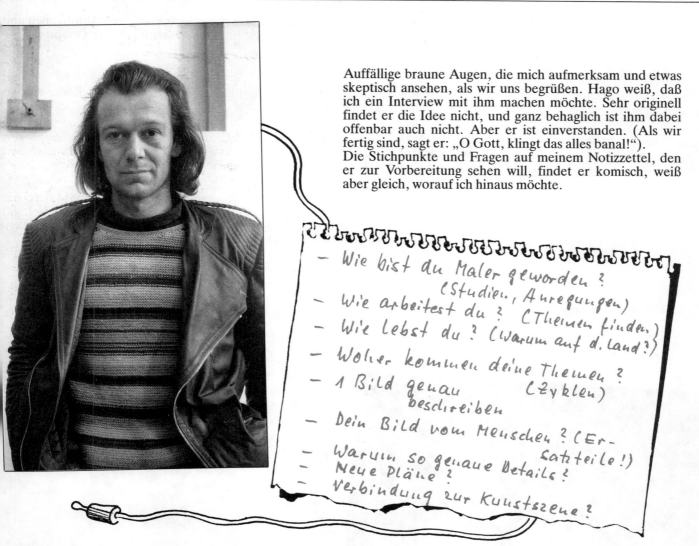

Auffällige braune Augen, die mich aufmerksam und etwas skeptisch ansehen, als wir uns begrüßen. Hago weiß, daß ich ein Interview mit ihm machen möchte. Sehr originell findet er die Idee nicht, und ganz behaglich ist ihm dabei offenbar auch nicht. Aber er ist einverstanden. (Als wir fertig sind, sagt er: „O Gott, klingt das alles banal!").
Die Stichpunkte und Fragen auf meinem Notizzettel, den er zur Vorbereitung sehen will, findet er komisch, weiß aber gleich, worauf ich hinaus möchte.

- Wie bist du Maler geworden? (Studien, Anregungen)
- Wie arbeitest du? (Themen finden)
- Wie lebst du? (Warum auf d. Land?)
- Woher kommen deine Themen? (Zyklen)
- 1 Bild genau beschreiben
- Dein Bild vom Menschen? (Ersatzteile!)
- Warum so genaue Details?
- Neue Pläne?
- Verbindung zur Kunstszene?

Aufgabe 3   Informationen sammeln

- Welche Abschnitte (2–5) interessieren Sie besonders? Bilden Sie Gruppen und hören Sie die Abschnitte auf der Kassette.
- Vergleichen Sie den gedruckten Text mit dem Hörtext. Notieren Sie alle neuen Informationen.
- Besprechen Sie Ihre Informationen mit den anderen Gruppen.

Hago Ziegler lebt auf einem Bauernhof bei Wangen, nahe am Bodensee. Das alte Bauernhaus hat er renoviert und die Scheune zu einem großen Atelier ausgebaut, das Küche, Wohn-, Schlaf- und Arbeitsraum zugleich ist. Da, wo er arbeitet, hängen Zettel an der Wand mit Stichwörtern, Schlagzeilen, Gedichtanfängen. Daneben eine Reihe von Farbfotos mit merkwürdigen Motiven, z. B. das Innere von geschlachteten Tieren, geschminkte Gesichter. Er zeigt mir ein Buch mit ganzseitigen Fotos von Indianergesichtern. – Wie arbeitet er? Woher kommen seine Ideen und Themen? **Abschnitt 2**

Hago lebt abseits, arbeitet für sich allein. Er hat bestimmte Gründe, sich nicht zu sehr für die „Kunstszene" zu interessieren. **Abschnitt 3**

Man hat den Eindruck, daß Hago außerordentlich sparsam lebt, dabei hilft der Bauernhof, den er mit Unterstützung seiner Eltern kaufen konnte. Etwas Land gehört dazu mit vielen alten Obstbäumen. Aus dem Obst wird Most gemacht, mehr als er verbrauchen kann. Etwa 20 Hühner laufen auf dem Hof herum und eine Reihe Hasen: Hago, der Kleinbauer. **Abschnitt 4**

Hago will nicht zugeben, daß er hier in idyllischer Landschaft und unzerstörter Natur lebt. Ihn stören Autobahnen und Straßen, die das Land zerschneiden, und er ärgert sich über den Flugzeuglärm. Der Abstand vom Großstadtgetriebe ist für ihn wichtig. „Warum lebst du hier?" will ich von ihm wissen.

Vor einiger Zeit hat er einen Bilderzyklus zu dem Thema „Konsum, Plastik, Ersatz" begonnen. 18 Köpfe sind es heute, überlebensgroße, mit größter Sorgfalt und Exaktheit gemalt.

„Das is' jedesmal einfach irgend 'n Mensch, der zu dem wird, was er is', dadurch, daß er irgendwas konsumiert oder sich mit Äußerlichkeiten auf 'ne bestimmte Art und Weise umgibt... Das Thema an sich is', daß Konsum und das alles 'n Mensch daran hindert, so zu sein, wie er sein könnte und wie er glücklich sein könnte. "

Gegenwärtige Erfahrung und früher Gesehenes kommen hier wahrscheinlich zusammen. Die Renaissance-Malerei hat Hago bei seinen Aufenthalten in Florenz fasziniert, und dabei ist er auch auf jenen Giuseppe Arcimboldo (1527–1593) gestoßen, der aus Blumen und Früchten Porträts malte. „Die vier Jahreszeiten" heißt eine Bilderserie von ihm. Hago hat das Thema auf seine Weise variiert: Ein Kopf, dessen Haare Bananen sind; die Stirn besteht aus . . .

Aufgabe 4 Bilder beschreiben und vergleichen

– Beschreiben und vergleichen Sie die beiden Bilder.
– Welches gefällt Ihnen besser? – Warum?

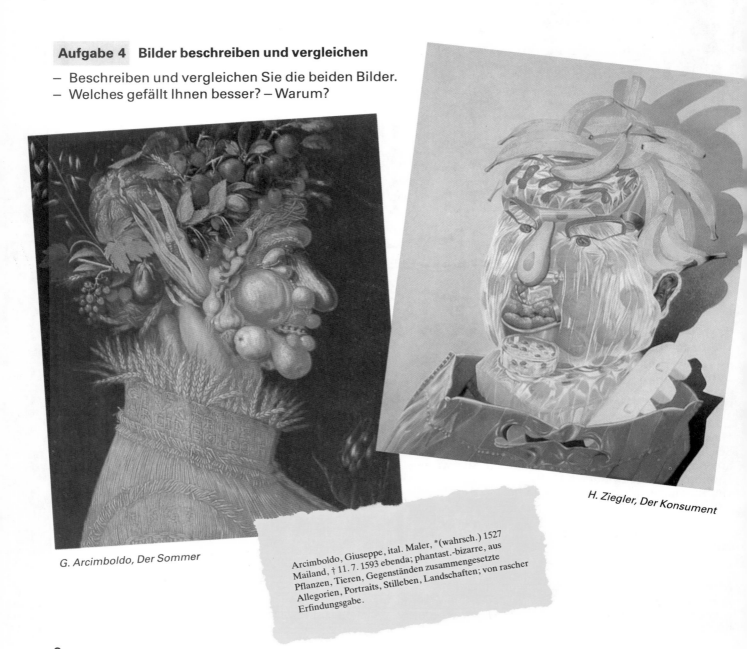

G. Arcimboldo, Der Sommer

H. Ziegler, Der Konsument

Arcimboldo, Giuseppe, ital. Maler, *(wahrsch.) 1527 Mailand, † 11. 7. 1593 ebenda; phantast.-bizarre, aus Pflanzen, Tieren, Gegenständen zusammengesetzte Allegorien, Portraits, Stilleben, Landschaften; von rascher Erfindungsgabe.

Hago beschreibt sein Bild „Der Kranke"

Abschnitt
6

„Des is 'n Bild, des is 'n Meter zwanzig hoch und 'n Meter breit. De'sch also wesentlich überlebensgroß.

Des ganze Gesicht, also von der Stirn bis zum Kinn, des is alles zusammengesetzt aus irgendwelchen Pflastern, so mit 'm kleinen gelben Löchlein, wo mer das Stoffzeug durchsieht von 'nem Pflaster. Und es formt sich so irgend 'n Gesicht an, wie wenn eben 'n ganzes Gesicht zugeklebt is' mit irgendwelchen Pflastern. Um die Stirn und um 'n Hals, da sind irgendwelche Binden gewickelt, so weiße Binden, die mit so Gummiklämmerchen zusammengehalten werden. Und die Haare, die bestehen wiederum aus irgendwelchen so Pflastern, so Pflastern, die mer kaufen kann, so in Plastik eingewickelt, wo denn unten so 'ne schöne Folie drauf is' oder irgend so was. Ganz verschiedene Pflaster hat's, welche mit kleinen und mit großen Löchlein und helle und dunkle; und dazwischen stecken innen Haaren überall so Injektionskanülen. Unten sieht mer noch 'n bißchen vom Brustkorb, und des is' so 'ne Gummi-Wärme-Flasche, 'ne Leukoplastrolle und zwei Tuben. De'sch eigentlich alles. Farbig isses alles so 'n bißchen grau mit dem typischen Hautfarben-Beige von Pflastern. Die Gummiflasche is' knallrot."

Aufgabe 5   Ein Bild beschreiben

– Hören und lesen Sie die Bildbeschreibung oben.
– Versuchen Sie selbst eine kurze Bildbeschreibung.

Aufgabe 6   Hören und notieren

„Das is 'n Mensch, und is' doch keiner. Was für ein Bild hast du da vom Menschen überhaupt? Also, das is 'n Typ oder 'ne Sammlung von – von medizinischen Ersatzteilen."

– Lesen Sie die Stichpunkte links. Welche Antwort gibt Hago wohl auf die Frage?
– Hören Sie seine Antwort auf Kassette und machen Sie Notizen.

Abschnitt
7

Vater Arzt
Thema interessant
keine Polemik gegen Ärzte
Problematik in Zeitungen
Patienten werden "gemacht"
Vollgestopft mit Pillen
Weniger: großartige Heilung

Sondern Mechanismus:
Pflaster / Pillen / Spritzen
    produziert ⟶ verkauft
Dazu braucht man den Patienten
Patient = "Konsumfähiger"

4 Hagos Selbstporträt

Aufgabe 7 **Ein Bild beschreiben und
interpretieren**

– Beschreiben/Benennen
Sie die Einzelteile, aus de-
nen Hagos Kopf zusam-
mengesetzt ist.
– Warum hat Hago diese
Gegenstände gewählt?

Bis zu einem gewissen Grad werde auch er „gemacht", stellt Hago fest. Sein Selbstporträt gibt darüber Auskunft.

*„Die Leute, die das sich anschaun, die müssen sich dann halt überlegen, was für 'n Typ is' das, der sich mit so viel
Ersatzbefriedigungen umgibt."*

Hago malt die Einzelteile, aus denen die Köpfe zusammenmontiert sind, mit äußerster Genauigkeit, Feinheit und
Klarheit. Man glaubt, jedes Teilstück anfassen zu können. Es tritt blitzend-frisch, glänzend und plastisch hervor – wie
auf einem Reklamefoto.
Auf die Frage, warum er die Details mit solcher Präzision malt, kommt von Hago eine überraschende Antwort. Er
zieht zuerst einen Vergleich mit Goya, den er schätzt. Der habe riesige Hexenbilder gemalt . . .

Aufgabe 8 **Hören – notieren – berichten**

– Hören Sie den Schluß des Interviews.
– Machen Sie Notizen und berichten Sie.

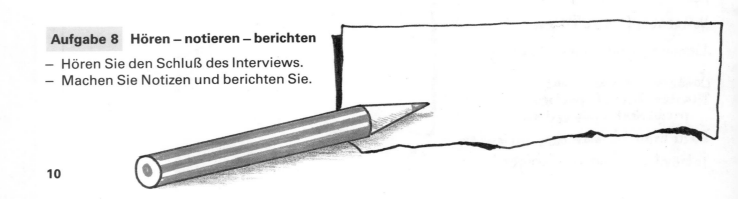

Bilder von Hago

Der Interviewer wurde durch dieses
Bild von Hago zur folgenden
Geschichte angeregt:

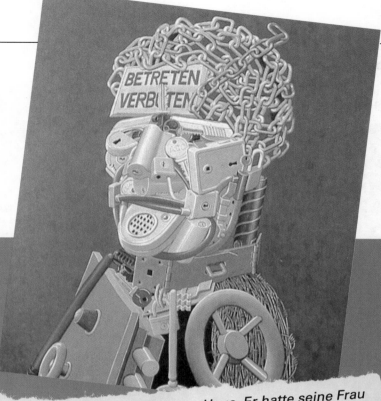

Der Eigentümer wohnte nun schon jahrelang allein in seinem großen Haus. Er hatte seine Frau
und seine Töchter zum Teufel gejagt, weil sie zu viel Geld ausgaben, und den Hausdiener
entlassen, weil der einmal vergessen hatte, die dritte Tür mit dem Sicherheitsschloß zu verriegeln. Dafür hatte er jetzt scharf dressierte Hunde, Schäferhunde, die ums Haus jagten und wild
bellten, wenn einmal der Briefträger an die Pforte kam. Besucher kamen schon lange nicht
mehr. Seine früheren Freunde wußten kaum noch, daß es ihn gab. Er hatte sein Namensschild
von der Außentür entfernt, nachdem er in den Zeitungen mehrfach als reicher Mann erwähnt
worden war. Statt dessen hing da jetzt ein Schild „Vorsicht bissige Hunde!" – Seine Garten-
mauer hatte er auf drei Meter erhöhen und mit Stacheldraht umwickeln lassen; die Wiesen um
das Haus waren vermint, das Haus hatte innen mehrere Alarmsysteme. Die Buchstaben-Zahlen-Kombination des Safes hatte er absichtlich vergessen. Der Panzerschrank war nur noch mit
Dynamit zu öffnen. – Der Eigentümer selbst hatte sich mit Gaspistolen bewaffnet. Er hatte lange
geübt, bewegungslos auf dem Rücken liegend zu schlafen, damit sich kein Schuß aus seinen
Pistolen löste. – Er hielt mehrere Zeitungen, in denen er die Börsennachrichten studierte und
nach Annoncen für Immobilien und Kunstgegenstände suchte. Auf bestimmte Anzeigen hin
schrieb er Briefe, die als Absender ein Postfach in einem entfernt gelegenen Stadtteil angaben.
Sein Tageslauf war sehr regelmäßig. Morg

Telefon. Der Eigentümer erschrak, weil niemand außer ihm seine Telefonnummer, die in
keinem Telefonbuch stand, kannte   Eines Tages klingelte um die Mittagszeit das

nie mehr gesehen

Aufgabe 9 Eine Geschichte ergänzen und fortsetzen

- Schreiben Sie die Geschichte weiter.
- Vergleichen Sie Ihre verschiedenen Fassungen miteinander.

Aufgabe 10   Vorliebe begründen

– Suchen Sie Titel für die Bilder. Begründen Sie Ihre Wahl.
– Welches der Bilder gefällt Ihnen am besten? Warum?

⑤ ⑥ ⑦ ⑧

1

„Es lebe der Sport!" – Ein Lied von Rainhard Fendrich

Mutterseelen allanich sitzt er do bis in der Frua
und schaugt beim Boxen zua.
Weu wann sich zwoa in die Papp'n haun,
stärkt dös sei' unterdrucktes Selbstvertrau'n.
Die G'sichter san verschwolln und blutig rot,
genußvoll beißt er in sei' Schnitzelbrot.
Und geht dann endlich ana in die Knie,
greift er zufrieden zu sein' Bier.

Es lebe der Sport!
Er ist gesund und macht uns hart.
Er gibt uns Kraft, er gibt uns Schwung.
Er ist beliebt bei Oid und Jung.

Wird ein Schiedsrichter verdroschen,
steigns' eam ordentlich in die Goschn,
gibts a Massenschlägerei, er ist immer live dabei,
weil mit seim' Color-TV sicht er alles ganz genau.

Weltcup-Abfahrtsläufe machen eam a bisserl müd,
weil er ist abgebrüht.
Wenn ihn dabei irgendwas erregt,
dann nur wenn's einen ordentlich zerlegt.
Ein Sturz bei hundertzwanzig km/h
entlockt ihm ein erfreutes „hopperla",
und liegt ein Körper regungslos im Schnee,
schmeckt erst so richtig der Kaffee.

Es lebe der Sport! ...

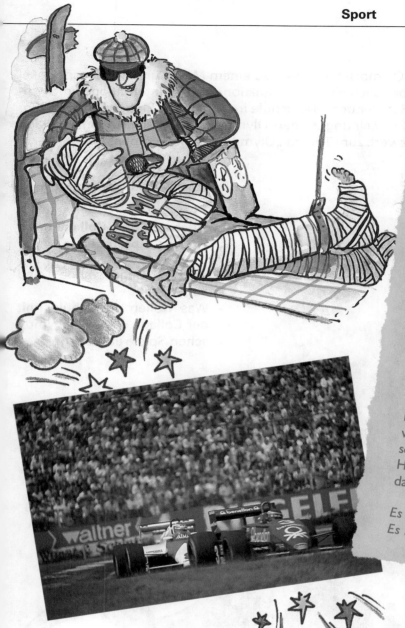

Wenn einer bei der Zwischenzeit
sich zwanglos von an Schi befreit
und es ihn in die Landschaft steckt,
daß jeder seine Ohr'n anlegt,
wenn er es überleben tut,
dann wird er nachher interviewt.

Es wirkt a jede Sportart mit der Zeit a bisserl öd,
wenn es an Härte föhlt.
Autorennen sind da sehr gefragt,
weil hie und da sich einer überschlagt.
Gespannt mit einem Doppler sitzt man da
und hofft auf ein' g'scheiten „Bumsera",
weil durch einen spektakulären Crash
wird ein Grand-Prix erst richtig resch.

Es lebe der Sport! . . .

Es lebe der Sport!
Explodieren die Boliden,
ist das Publikum zufrieden,
weil ein flammendes Inferno
schaut man immer wieder gern o'.
Heiterkeit auf der Tribüne,
das ist halt am Sport das Schöne.

Es lebe der Sport! . . .
Es lebe der Sport! . . .

Aufgabe 1   Ein Lied im Dialekt verstehen

Hören Sie das Lied zunächst ohne den gedruckten
Text an.
– Welche Sportarten werden angesprochen?
– Hören Sie das Lied und lesen Sie den gedruck-
ten Text.
– Klären Sie unbekannte Wörter.
– Wie heißen die österreichischen Dialektwörter
auf Hochdeutsch?

Aufgabe 2   Die Aussage eines Liedes feststellen
               und bewerten

– Wer ist „er"? Wo sitzt „er"? Was tut „er"?
– *„Es lebe der Sport!"* – *„Es lebe der Sport?"*
– *„Sport ist gesund . . .!"* – Oder?

Worterklärungen

● *in die Papp'n* – auf den Mund
● *in die Gosch'n steign'* – ins Gesicht
schlagen
● *wenn's einen ordentlich zerlegt* – wenn
jemand stürzt und sich verletzt
● *hie und da* – manchmal
● *. . .und hofft auf ein' g'scheiten „Bumsera"*
– . . .und hofft auf einen richtigen Unfall
● *Boliden* – Formel-1-Rennwagen
● *. . .ein flammendes Inferno* – Anspielung
auf den deutschen Titel eines amerikanischen Katastrophenfilms aus den 70er
Jahren
● *resch* – frisch, kräftig, prima

2 Olympiade – Olympiade?

In den letzten Jahren ist die Entwicklung der Olympischen Spiele zu einem Markt- und Medienspektakel immer wieder von Sportlern, Journalisten, aber auch einzelnen Funktionären des Internationalen Olympischen Kommittees (IOC) kritisiert worden. Schüler der „Realschule im Aurain" in Bietigheim in Baden-Württemberg haben schon 1979 ihre kritische Meinung zu den Olympischen Spielen in eine Collage ,verpackt' und mit ihr an einem Schülerwettbewerb zum Thema „Olympia" teilgenommen.

Preisarbeit des Schülerwettbewerbs 1979: Klasse 8 b, Realschule im Aurain, 7210 Bietigheim.

Aufgabe 3   Eine Collage interpretieren

– Welche Gegenstände sind abgebildet?
– Was wollen die Schüler mit der Collage über die Olympischen Spiele aussagen?

tung nicht ständig durch den Bau neuer, noch breiterer, noch mehr Land verbetonierender Verkehrswege nachgibt, wenn man in der ständigen Steigerung der Produktionsziffern keinen vordergründigen wirtschaftlichen Erfolg, sondern das Heranzüchten eines gesellschaftlichen Kollapses erkennt. Der Verkehr ist also nur dann zu retten, wenn die große Automobilausstellung nicht als Wunderwerk menschlicher Erfindungsgabe, gestalterischer Genies (2) und ingeniöser (3) Technik gepriesen wird, sondern als Vollversammlung der Trottelei. Und so ist es mit den Olympischen Spielen. Man nehme ihnen endlich den Nimbus (4), und ihr verheerender Einfluß auf den Sport wird abnehmen. Die Basis des Sports wird sich nicht mehr an dubiosen Vorbildern, sondern an sich selbst orientieren.

Ich wünschte mir, daß man die Olympischen Spiele abschafft. Sie sind ein klassisches Endprodukt des ökonomischen, nationalistischen, medizinisch-pharmazeutischen und medialen Wachstums. Die Sportausrüsterindustrien (5) machen der Welt weis, daß man für jede einer anderen noch so nahe und verwandte Sportart andere Kleidung, andere Schuhe braucht. Sie machen der Welt weis, daß gewisse Firmensymbole und sportliche Höchstleistungen einander geradezu bedingen. Bis dann endlich auch über jedes Hirn drei Streifen (6) oder so was ähnliches laufen werden.

Die Gipfelereignisse der Hochkultur sind die internationalen Festivals. Denken Sie an Salzburg, Bayreuth, Verona, Cannes (1), Biennale usf. Stellen Sie sich nun diese Festivals alle auf einem Haufen vor. Schrecklich, was? Genau das ist die Olympiade. (…)

Ich glaube, daß der Sport nicht von der Basis her reformiert werden kann. So wie man Straßenverkehr nicht reformieren kann, indem man das Fahrrad propagiert. Nein, man kann Straßenverkehr nur reformieren, wenn man seiner Ausweitung

Werner Schneyder, 1980

Worterklärungen: (1) Städte, in denen Theater-, Opern- und Filmfestspiele stattfinden; (2) Genies im Bereich des Designs; (3) geistreich-erfinderisch; (4) guter Ruf; (5) Sportartikelproduzenten; (6) Mit den drei Streifen spielt der Autor auf die Tatsache an, daß die Firmen Adidas, Puma, Nike, usw. Symbole auf ihre Produkte drucken, die im Fernsehen immer gut zu erkennen sind.

Aufgabe 4 Einen Text analysieren und dazu Stellung nehmen

– Werner Schneyder sagt: „Ich wünschte mir, daß man die Olympischen Spiele abschafft."
  Wie begründet er das?
– Nehmen Sie dazu Stellung.

Aufgabe 5 Textaussagen vergleichen

Der Sänger Fendrich, der Kabarettist Schneyder und die Schüler kritisieren Phänomene des Spitzensports.
– Charakterisieren Sie Gemeinsamkeiten und Unterschiede in Inhalt und Form ihrer Aussagen.

Aufgabe 6 Stilmittel in Texten charakterisieren und vergleichen

– Definieren Sie mit eigenen Worten: Satire, Ironie, Sarkasmus.
– Suchen Sie Beispiele für Ironie, Satire und Sarkasmus in den drei genannten Texten.

Sa·ti·re ⟨f. 19⟩ Literaturgattung, die durch Ironie u. spöttische Übertreibung menschl. Schwächen, polit. Ereignisse u. ä. kritisiert; die ~ geißelt, verspottet gewisse Auswüchse unserer Gesellschaft; eine beißende ~ auf die obere Gesellschaftsschicht [< lat. satira ,,Satire" < satura ,,Fruchtschüssel" als Gabe an die Götter, bunte Mischung, Gemengsel"] ~**ren·dich·ter**, ~**ren·schrei·ber** ⟨m.⟩ = Satiriker ~**ri·ker** ⟨m. 3⟩ Verfasser von Satiren; Spötter jmd., der satirisch Kritik übt; ~**risch** ⟨Adj.⟩ die Satire betreffend, auf ihr beruhend; spöttisch, beißend-witzig

Iro·nie ⟨f. 19; unz.⟩ hinter Ernst versteckter Spott, mit dem man das Gegenteil von dem ausdrückt, was man meint, seine wirkl. Meinung aber durchblicken läßt; ~ des Schicksals ⟨fig.⟩ zufälliges Ereignis, das dem erwarteten Verlauf überraschend widerspricht; ~ fühlen, spüren lassen; beißende, überlegene ~; romantische ~ spieler. Einstellung des Künstlers zum eigenen Werk, Spiel mit der eigenen Schöpfung; seine Rede steckte voller ~; jmdn. od. etwas mit ~ abfertigen, behandeln [< grch. eironeia ,,Ironie, Spott"; zu eiron ,,Schalk"]

Sar·'kas·mus 1 ⟨m.; unz.; Gen. -⟩ beißender Spott, bitterer Hohn **2** ⟨zählb.; Pl. -men⟩ sarkast. Äußerung [< grch. sarkasmos, zu grch. sarkazein ,,zerfleischen, hohnsprechen"; zu sarx, Gen. sarkos ,,Fleisch"] ~**'ka·stisch** ⟨Adj.⟩ beißend-spöttisch, bissig-höhnisch

3 Olympische Spiele der Behinderten

III. WELTWINTERSPIELE
FÜR KÖRPERBEHINDERTE
INNSBRUCK 1984
AUSTRIA
14. 1. — 20. 1. 1984

Eine Zeitung berichtet über eine Behinderten-Olympiade:

Der Startschuß fällt. Aber nur eine Läuferin rennt los, in der Mitte der Bahn. Sie ist blind, nur geleitet von der Stimme ihres
5 Trainers, der im Ziel steht und ruft: „Gut... gut... gut..." Im Stadion herrscht absolute Stille, um die Läuferin nicht zu stören. Erst als sie nach 100 Metern die
10 Ziellinie erreicht, bricht der Beifall los. (...) Der Mannschaftsbetreuer kommt über den Rasen gelaufen und schließt sie in die Arme. „Du hast Bestzeit, Susi,
15 das wird Gold!" Das blinde Mädchen strahlt.
Wenige Meter abseits Hochsprung der Amputierten. Arnie Boldt springt. Der Kanadier
20 hüpft auf seinem einen Bein an die Latte heran, beschleunigt, stößt sich ab und rollt seinen Körper über die Latte, die 1,96 m hoch liegt. Die 8000 Zuschauer
25 im Stadion jubeln. Erst bei 1,98 m fällt die Stange. Der 22jährige kanadische Student zuckt die Achseln. „Schade. Ich

hätte die zwei Meter gern hier bei der Olympiade gemeistert. 30 Aber ich schaffe sie schon noch."
Ein Kaufmann aus Utrecht, der während der beiden Wochen als Helfer der Essenausgabe im Ca- 35 sino und beim Transport der Sportler vom Dorf ins Stadion hilft, gesteht freimütig ein: „Ursprünglich hatte ich mich aus Mitleid gemeldet, weil ich dach- 40 te, für die armen Menschen muß man was tun. Heute sehe ich gar nicht mehr, daß diese Menschen behindert sind. Ich sehe nur, was sie leisten." (...) 45
Der deutsche Mannschaftsführer Hans Knöller, der mit 36 Kollegen vom bundesdeutschen Behinderten-Sportverband die 151 deutschen Sportler betreut, 50 sieht in den Goldmedaillen vor allem den Ansporn für Hunderttausende deutscher Behinderter, die noch keinen Sport treiben. 55

Über die Winterspiele in Innsbru[ck]
schreibt ein Sportwissenschaftler:

Von seiten der körperbehinderten Spor[tler] spürt man eine zurückhaltende Erwartung, [daß] ihr Sport, der ihnen oft zum Lebensinhalt [ge-] worden ist, Anerkennung und Respekt find[et.]
5 „Für mich ist der Sport eine Brücke zu d[en] nicht behinderten Menschen", erklärt [der] 16jährige bundesdeutsche Skilangläufer Fra[nk] Hoefle von der Blindenschule Schramberg [im] Schwarzwald.
10 Ist für Frank, der zu Hause noch 11 Geschwi[s-] ster hat, Innsbruck das erste internationa[le] Sporterlebnis, so ist die 27jährige Sport- u[nd] Geographiestudentin Reinhild Möller aus d[er] Behindertensportgruppe Stuttgart nach ihre[m]
15 Triumph auf der Mutterer Alm, zumindest [in] den Kreisen der Behindertensportler, ein b[e-] kanntes Idol. Sie ist eine der wenigen Olympia[-] teilnehmer der Sportgeschichte, die sowohl b[ei]
20 den Winterspielen als auch bei der Somme[r-] olympiade an den Start geht. In Innsbruck e[r-] rang sie als erfolgreichste deutsche Teilnehme[-] rin drei Gold- und eine Silbermedaille. Bei de[n] diesjährigen Sommerspielen in New York/Illi[-]
25 nois startet sie auf der 100- und 400-Mete[r-] Strecke und im Weitsprung.
Trotz solcher Höchstleistungen wird auf de[r] Ebene des olympischen Spitzensports der nich[t] behinderten Sportler das Motto des Internatio[-] nalen Jahres der Behinderten „Volle Beteili[-]
30 gung und Gleichheit", wohl niemals verwirk[-] licht werden können. Zweifelsohne werden aber die Ideale des olympischen Geistes nach[-] vollzogen: Der sportliche Wettkampf, die Idee des Dabeiseins und das nicht kommerzialisierte
35 Kräftemessen. Ideale also, zu denen auch die „gesunden" Sportler wieder zurückfinden sollten.

Aufgabe 7   Informationen aus Texten und Fotos entnehmen

- Stellen Sie mit Hilfe des Textes eine Liste der Sportarten zusammen, an denen Behinderte teilnehmen.
- Wie werden die Teilnehmer in den Texten charakterisiert?

Aufgabe 8   Stellung nehmen

Der Text spricht von den Idealen des Olympischen Geistes.
- Diskutieren Sie: Wo wird heute gegen den Olympischen Geist verstoßen?
- Für zusätzliche Informationen zur „Olympischen Idee": Schlagen Sie in einem Lexikon unter dem Namen Pierre de Coubertin nach.

Vereine

Im „Kursbuch Deutschland 85/86" heißt es zum Thema „Sport und Vereine":

Der Deutsche Sportbund (DSB) als die Dachorganisation der Sportfachverbände und der Landessportverbände in der Bundesrepublik Deutschland zählte 1960 rund 5 Mio. Mitglieder. 1970 hatte sich die Zahl verdoppelt, 1983 waren mit über 18 Mio. Mitgliedern im DSB ca. 30% der Bevölkerung in den rund 60 000 Sportvereinen organisiert. Die Turn- und Sportbewegung ist damit die größte Bürgervereinigung der Bundesrepublik. In dieser Entwicklung werden Trends sichtbar, in denen offensichtlich länger anhaltende Präferenzen der Bevölkerung zum Ausdruck kommen:

– Einige Sportarten wie Tennis, Reiten, Wasserski und Segeln hatten überdurchschnittliche Wachstumsraten. Insbesondere Tennis ist in der Mitgliederstatistik der Fachverbände aus einer mittleren Position an die dritte Stelle nach Fußball und Turnen und vor Schießsport und Leichtathletik gerückt.

– In jüngster Zeit hatten Squash, Windsurfen, Skilanglauf und Sporttauchen starken Zulauf, der sich vermutlich noch verstärken wird.

Fußball ist die von den meisten Personen in der Bundesrepublik organisiert und regelmäßig betriebene Sportart, in der besonders jungen Menschen körperliche Fitneß, soziale Einbindung in die Gemeinschaft, Kameradschaft und Verständnis für den Mitmenschen vermittelt wird.

Gerhard Iske, Bürgermeister von Kaufungen, einer Gemeinde mit mehr als 10 000 Einwohnern in der Nähe von Kassel, berichtet in einem Interview über das Vereinsleben in seiner Gemeinde.
Herr Iske ist gerade auf dem Weg zu einem Termin mit der „Arbeitsgemeinschaft Kaufunger Vereine", die Termine und Pläne koordiniert und eine neue Sporthalle plant. Rund 80 Vereine gibt es in Kaufungen, berichtet der Bürgermeister. Die größten davon gibt es in den Bereichen „Sport", „Musik" und „soziale Tätigkeiten". Die fünf größten Vereine sind:

 Tuspo Niederkaufungen
- Turnabteilung -

 TSV Oberkaufungen
- Abt. Handball -

 Arbeiterwohlfahrt
Ortsverein Kaufungen

1. Turn- und Sportverein Oberkaufungen, 821 Mitglieder
2. Turn- und Sportverein ‚1893', Niederkaufungen, 698 Mitglieder
3. Hessisch-Waldeckischer Gebirgs- und Heimatverein, Niederkaufungen, 327 Mitglieder
4. Arbeiterwohlfahrt (AWO), 296 Mitglieder
5. Laufgemeinschaft Kaufungen, 264 Mitglieder

Die umfangreiche Vereinsförderung durch die Gemeinde betrachtet der Bürgermeister als Gegenleistung für die Arbeit der Vereine in sportlichen, sozialen und kulturellen Tätigkeitsfeldern und in der Jugendarbeit. Die Gemeinde gibt „Investitionszuschüsse", „Übungsleiterzuschüsse", d. h. sie finanziert Trainer, hilft bei der Pflege und Unterhaltung von Sportanlagen und bei Veranstaltungen, etwa bei Deutschen Meisterschaften. Herr Iske sagt, daß er selbst Mitglied in mehr als 30 Vereinen ist.

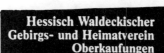
Hessisch Waldeckischer Gebirgs- und Heimatverein Oberkaufungen

Horst Baum ist Mitglied im größten Verein der Gemeinde, im TSV, in der Handballabteilung. Er erklärt, was das konkret bedeutet:
Acht Handballteams gibt es in der Abteilung. Man spielt zweimal in der Woche. Am Wochenende finden die Punktspiele statt. Vereinsleben heißt aber nicht nur Sport, man veranstaltet Fahrten, Faschingsvergnügen, trifft sich auf Feiern und „geht auch mal zum gemütlichen Bier". Bei Freundschaftsspielen, etwa in Berlin oder in Holland, lernt man Land und Leute kennen. „Kameradschaft" im Verein heißt für Herrn Baum, dem anderen „mit Rat und Tat zur Seite zu stehen".

Aufgabe 9 Informationen aus Sachtexten und Interviews entnehmen

– Fassen Sie die statistischen Aussagen zum Deutschen Sportbund zusammen. Welche Sportarten werden immer beliebter?
– Charakterisieren Sie das Vereinsleben in Kaufungen aus der Sicht der Gemeinde / eines Mitglieds.

5 Sport national – international

Schlacht der letzten Hoffnung

Polen gibt sich nicht geschlagen

Holland bombte sich ins Finale

Verona fiebert

„Duell der Panzer"

Verona (dpa). Verona rüstet zum Spiel der Spiele. Vor ausverkauften Rängen wird sich in im 43 000 Zuschauer fassenden Stadion am Sonntag das Duell des Tabellenführers Hellas Verona gegen Verfolger Inter Mailand abspielen. Die Rekordeinnahme von 1,2 Millionen Mark ist längst verbucht.

„Im Spiel, das die Meisterschaft entscheiden könnte, erneuert sich das Duell der beiden eisernen Deutschen, Briegel und Rummenigge, Gegner in Deutschland, Gegner in Italien – Panzer gegen Panzer", posaunt Italiens Presse.

```
EINIGKEIT UND RECHT UND FREIHEIT
FUER DAS DEUTSCHE VATERLAND!
DANACH LASST UNS ALLE STREBEN
BRUEDERLICH MIT HERZ UND HAND!
EINIGKEIT UND RECHT UND FREIHEIT
SIND DES GLUECKES UNTERPFAND:
BLUEH' IM GLANZE DIESES GLUECKES
BLUEHE DEUTSCHES VATERLAND.
```

Die Stunde der Reservisten?

Noch ist Schottland nicht verloren

Mexiko fordert Wiedergutmachung

Italien läßt Argentinien im Stich

Spanien hoffte vergebens auf Österreich

Aufgabe 10 Schlagzeilen analysieren

– Was drücken diese Schlagzeilen aus?
– Begründen Sie: Warum wählen Journalisten diese Ausdrücke?
– Kennen Sie ähnliche Beispiele in Ihrer Sprache?

Aufgabe 11 Diskutieren

Viele dieser Schlagzeilen klingen nationalistisch.
– Diskutieren Sie das Thema „Sport und Patriotismus".

Sportreportagen

Jeden Samstag senden die westdeutschen Rundfunkanstalten Konferenzreportagen aus den Fußballstadien. Aus diesen Reportagen hat der Autor Ror Wolf Hörcollagen zusammengeschnitten. Sie hören einen Ausschnitt aus „Der Ball ist rund."

Aufgabe 12 Eine Hörcollage interpretieren

Die Reporter verwenden häufig bildhafte Vergleiche (Metaphern).
– Stellen Sie Beispiele aus dem Hörtext zusammen.
– Nennen Sie Stilmittel, mit denen Reporter Dramatik vermitteln wollen.

Fan bei Schlägere zu Tode geprügelt

Schwere Ausschreitungen beim Pokal in Hamburg

SPIEGEL *Gesp*

tz Hamburg
Die schweren Ausschreitungen am Rande des DFB-Pokalspiels des Hamburger SV gegen Werder Bremen haben ein Todesopfer gefordert. Ein mit einem Schädelbasisbruch in das Altonaer Krankenhaus eingelieferter 16jähriger Lehrling aus Bremen erlag am Sonntagabend

Mitglieder des Fanklubs „Die Löwen" beim SPIEGEL-Gespräch*: „Keiner weiß wofür, das ist das Problem"

„Da hab' ich ihm auf den Kopf gehauen"

Hamburger Fußball-Fans über Stadionkrawalle und Jugendgangs

SPIEGEL: Ihr seid alle Klub-Mitglieder?

WERNER**: Ja, alle Mitglieder bei den „Löwen".

5 SPIEGEL: Warum?

WERNER: Warum? Weil wir uns für Fußball und den HSV begeistern. Weil wir unseren Spaß haben, wenn der HSV gut spielt, auch, wenn wir mal zusammen
10 einen trinken. Und ab und zu auch mal ein bißchen rumhauen. Aber das kommt leider selten vor.

SPIEGEL: Was machst du sonst?

WERNER: Ich bin arbeitslos, habe im
15 Moment keinen Bock auf arbeiten.

SPIEGEL: Seit wann arbeitslos?

WERNER: Weiß ich nicht genau, paar Jahre, würde ich sagen.

SPIEGEL: Und du?

20 BLACKY: Ich bin auch hier eingetreten, weil ich Bock auf Fußball habe.

SPIEGEL: Was machst du so?

BLACKY: Ich bin Gartenarbeiter,
25 Hilfsarbeiter, seit 14 Tagen.

SPIEGEL: Und vorher?

BLACKY: Arbeitslos, seit anderthalb Jahren.

SPIEGEL: Und davor?

BLACKY: Habe ich eine Lehre angefangen als Stahlbetonbauer. Da habe mich mit dem Meister nicht verstan und habe ihm auf den Kopf gehau Weil er eine rote Sau war.

SPIEGEL: Was meinst du damit?

BLACKY: Kommunistisch eingeste er hat uns jeden Tag vollgelabert seinem Kommunismus. Und eines T war es mir zuviel, und da hab' ich auf den Kopf gehauen. Da bin ich geflogen.

* Mit Redakteur Peter Seewald (5. von links Klub-Wohnung in Hamburg-Ohlsdorf.
** Die Namen der Gesprächsteilnehmer wur der Redaktion geändert.

(...)

SPIEGEL: Warst du schon mal im Knast?

WERNER: Ich war schon mal im Knast, ja.

SPIEGEL: Weswegen?

WERNER: Das weiß ich nicht mehr. Wegen allem möglichen, zum Beispiel Diebstahl, Körperverletzung und dies und das.

SPIEGEL: Und du?

CONNY: Ich bin 18, habe vor kurzem meine Lehre angefangen als Dreher, habe auf der Straße gesessen, vorher zur Schule gegangen. Was soll ich erzählen?

SPIEGEL: Wie lange warst du auf der Straße?

CONNY: Ein Jahr. Ich wollte von der Schule aus gleich zur Bundeswehr, die haben mich aber nicht genommen.

SPIEGEL: Warst du auch schon im Knast?

HERMANN: Untersuchungshaft, vier Monate. Aber wir wollen ja über Fußball reden, oder?

SPIEGEL: Was bedeutet Fußball für euch?

WERNER: Fußball ist ein Sport für uns. Wir begeistern uns für den HSV...

MIKE: ... und die Kameradschaft ist tierisch im Klub. Vor allen Dingen die Auswärtsfahrten, die sind am besten.

SPIEGEL: Wieso?

WERNER: Kollegen in Stuttgart besuchen, Dortmund, Schalke, eben so mal Adressen tauschen oder Trikots tauschen.

MIKE: Ich interessiere mich echt für Fußball, guck auch wirklich zu ...

(...)

SPIEGEL: Was bedeuten für euch die Fußballspieler, die Fußballstars?

KURT: Bei mir ist die Hauptsache, daß mein Verein gewinnt, und da interessiert mich kein Kaltz, oder wie die heißen. Die sind mir alle im Grunde so scheißegal, genauso wie ich denen scheißegal bin. Hauptsache mein Verein.

MIKE: Mir ist wichtiger, ob Werner einen auf den Schädel kriegt, als ob Kaltz einen auf den Schädel kriegt. Das ist doch ganz normal.

KURT: Die halten von uns wenig, und genauso halte ich von denen wenig. Hauptsache ist, die spielen gut, der Rest ist mir egal. Es geht uns um das Spiel. Die können von mir aus in die Kuhle fallen und sich das Genick brechen, das interessiert mich gar nicht.

SCHLAGT DEN SCHIEDSRICHTER TOT, DAS BESTOCHENE SCHWEIN!

SCHRECKLICH, WIE SICH DER BESOFFENE FÄN NEBEN MIR AUFFÜHRT...

Aufgabe 13 **Informationen aus einem Gruppeninterview entnehmen und interpretieren**

– Sammeln Sie biographische Informationen zu den einzelnen Gruppenmitgliedern.
– Charakterisieren Sie das Verhältnis der Gruppenmitglieder zu den Clubs/zu den Stars.
– Versuchen Sie, die Fanclub-Mitglieder anhand der vorliegenden Informationen zu charakterisieren.

Aufgabe 14 **Diskutieren**

– Charakterisieren Sie die Position des Zeichners der Karikatur oben rechts und des Kabarettisten Dieter Hildebrandt zur Gewalt im Sport.
– Welche Ursachen der Gewalt sehen Sie?
– Was könnte man dagegen tun?

Europapokalspiele! Turin gegen London? Das heißt: Italien gegen England. Sowas wird geplant wie'n Krieg. Da werden vorher die Massen innerlich bewegt. Die Krachblätter in Turin bringen die Schlagzeile: Englischer Trainer: „Wo liegt Turin?" Hat er natürlich nie gesagt und schon gar nicht gemeint. Hat das bei einer Pressekonferenz in London so formuliert:

„Meine Mannschaft liegt in der englischen Nationalliga auf einem schlechten 15. Platz, und wir müssen uns mit Sorge fragen: Wo liegt Turin?"

Und wollte damit ausdrücken, daß er vor dieser Spitzenmannschaft warnt, denn sie läge im Moment auf Platz 2 in der italienischen Liga.

Aber? Das Volk gerät in Wallung. Wir werdens diesen überheblichen Tommies schon zeigen, wo Turin liegt! Haut rein, Azzurri!

Die Krachblätter drucken dann solche Meinungen ab. Die Krachblätter in London zitieren das genüßlich, und schon geht dort das Theater los: „10 000 Londoner Schlachtenbummler drohen: Wir kommen!"

Polizeimaßnahmen – Panik in der Bevölkerung – die Geschäfte lassen ihre Rollos runter. Notstand.

Genau das gleiche passiert zwischen Köln und Madrid, Wien und Marseille und so weiter. Ersatzkriege.

Dieter Hildebrandt, 1979

Der Läufer

Siegfried Lenz

Eine klare, saubere Stimme bat im Lautsprecher um Ruhe für den Start, und es wurde schnell still im Stadion. Es war eine grausame Stille, zitternd und peinigend, und selbst die Verkäuferinnen in den gestärkten Kitteln blieben zwischen den Reihen stehen. Alle sahen hinüber zum Start des 5000-
5 Meter-Laufes; auch die Stabhochspringer unterbrachen ihren Wettkampf und legten die Bambusstangen auf den Rasen und blickten zum Start. Es war nicht üblich, daß man bei einem 5000-Meter-Lauf um Ruhe für den Start bat, man tat das sonst nur bei den Sprintstrecken, aber diesmal durchbrachen sie ihre Gewohnheit, und alle wußten, daß ein besonderer Lauf bevorstand.

10 Sechs Läufer standen am Start, standen gespannt und bewegungslos und dicht nebeneinander, und es war so still im Stadion, daß das harte Knattern des Fahnentuchs im Wind zu hören war. Der Wind strich knapp über die Tribüne und fiel heftig in das Stadion ein, und die Läufer standen mit gesenkten Gesichtern und spürten, wie der Wind ihren Körpern die Wärme nahm,
15 die die Trainingsanzüge ihnen gegeben hatten.

Die Zuschauer, die in der Nähe saßen, erhoben sich; sie standen von ihren Plätzen auf, obwohl der Start völlig bedeutungslos war bei einem Lauf über diese Distanz; aber es zog sie empor von den feuchten Zementbänken, denn sie wollten ihn jetzt wiedersehen, sie wollten ihn im Augenblick des Schusses
20 antreten sehen, sie wollten erfahren, wie er loskam. Er hatte die Innenbahn gezogen, und er stand mit leicht gebeugtem Oberkörper da, das rechte Bein etwas nach vorn gestellt und eine Hand über dem Schenkel. Er war der älteste von den angetretenen Läufern, das sahen sie alle von ihren Plätzen, er war älter als alle seine Gegner, und er hatte ein ruhiges, gleichgültiges
25 Gesicht und eine kranzförmige Narbe im Nacken: er sah aus, als ob er keine Chance hätte. Neben ihm stand der Marokkaner, der für Frankreich lief, ein magerer, nußbrauner Athlet mit stark gewölbter Stirn und hochliegenden Hüften, neben dem Marokkaner standen Aimo und Pörhöla, die beiden Finnen, und dann kam Boritsch, sein Landsmann, und schließlich, ganz
30 außen, Drouineau, der mit dem Marokkaner für Frankreich lief. Sie standen dicht nebeneinander in Erwartung des Schusses, und er sah neben dem Marokkaner schon jetzt müde und besiegt aus; noch bevor der Lauf begonnen hatte, schien er ihn verloren zu haben.

Manche auf den Bänken wußten, daß er schon über dreißig war, sie wuß-
35 ten, daß er in einem Alter lief, in dem andere Athleten längst abgetreten waren, aber bei seinem Namen waren sie gewohnt, an Sieg zu denken. Sie hatten geklatscht und geklatscht, als sie durch den Lautsprecher erfahren hatten, daß er in letzter Minute aufgestellt worden war; man hatte seinetwegen einen jüngeren Läufer vom Start zurückgezogen, denn der Gewinn des
40 Länderkampfes hing jetzt nur noch vom Ausgang des 5000-Meter-Laufes ab, und man hatte ihn, den Ersatzmann, geholt, weil er erfahrener war und taktisch besser lief und weil man sich daran gewöhnt hatte, bei seinem Namen an Sieg zu denken.

Der Obmann der Zeitnehmer schwenkte am Ziel eine kleine weiße Fahne,
45 der Starter hob die Hand und zeigte, daß auch er bereit sei, und dann sagte er mit ruhiger Stimme „Fertig" und hob die Pistole. Er stand einige Meter hinter den Läufern, ein kleiner, feister Mann in hellblauem Jackett; er trug saubere Segeltuchschuhe, und er hob sich, während er die Pistole schräg nach oben richtete, auf die Zehenspitzen; sein rosiges Gesicht wurde ernst und
50 entschlossen, ein Zug finsterer Feierlichkeit glitt über dieses Gesicht, und es sah aus, als wolle er in dieser gespannten Stille der ganzen Welt das Kom-

mando zum Start geben. Er sah auf die Läufer, sah auf ihre gebeugten Nak-
ken, er sah sie zitternd unter den Stößen des Windes dastehen, und er dachte
für einen Augenblick an die Zeit, als er selber im Startloch gekauert hatte,
einer der besten Sprinter des Kontinents. Er spürte, wie in der furchtbaren
Sekunde bis zum Schuß die alte Nervosität ihn ergriff, die würgende Übelkeit vor dem Start, von der er sich nie hatte befreien können, und er dachte
an die Erlösung, die immer erfolgt war, wenn er sich in den Schuß hatte
fallen lassen. Er schoß, und der Wind trieb die kleine bläuliche Rauchwolke
auseinander, die über der Pistole sichtbar wurde.

Die Läufer kamen gut ab, sie gingen schon in die Kurve, und an erster
Stelle lief er, lief mit kurzen, kraftvollen Schritten, um sich gleich vom Feld
zu lösen. Hinter ihm lag der Marokkaner, dann kamen Boritsch und Drouineau, und die Finnen bildeten den Schluß. Seine rechte Hand war geschlos-
sen, die linke offen, er lief schwer und energisch, mit leicht auf die Seite
gelegtem Kopf, er ließ den Schritt noch nicht aus der Hüfte pendeln, sondern
versuchte erst, durch einen Spurt freizukommen, und er hörte das Brausen
der Stimmen, hörte die murmelnde Bewunderung und die Sprechchöre, die
gleich nach dem Schuß eingesetzt hatten und jetzt wie ein skandiertes Echo
durch das Stadion klangen. Über sich hörte er ein tiefes, stoßartiges Brummen, und er wußte, daß es der alte Doppeldecker war, und während er lief,
fühlte er den Schatten des niedrig fliegenden Doppeldeckers an sich vorbeiflitzen und dann den Schatten des Reklamebandes, mit dem der Doppeldek-
ker seit einigen Stunden über dem Stadion kreiste. Und in das Brummen
hinein riefen die Sprechchöre seinen Namen, die Sprechchöre sprangen wie
Fontänen auf, hinter ihm und vor ihm, und Fred Holten, der älteste unter
den Läufern, lief die Zielgerade hinunter und lag nach der ersten halben
Runde acht Meter vor dem Marokkaner. Der Marokkaner lief schon jetzt mit
langem, ausgependeltem Schritt, er lief mit Hohlkreuz und ganz aus der
Hüfte heraus, und sein Gesicht glänzte, während er ruhig seine Bahn zog.

Vom Ziel ab waren noch zwölf Runden zu laufen; zwölfmal mußten die
Läufer noch um die schwere, regennasse Bahn. Die Zuschauer setzten sich
wieder auf die Bänke, und die Verkäuferinnen mit den Bauchläden gingen
durch die Reihen und boten Würstchen an und Limonade und Stangeneis.
Aber die Stimmen, mit denen sie ihr Zeug anboten, klangen dünn und verloren, sie riefen hoffnungslos in diese Einöde der Gesichter hinein, und wenn
sich gelegentlich einer der Zuschauer an sie wandte, dann nur mit der Auf-
forderung, zur Seite zu treten.

Im Innenraum der zweiten Kurve nahmen die Stabhochspringer wieder
ihren Wettkampf auf, aber er wurde wenig beachtet; niemand interessierte
sich mehr für sie, denn die deutschen Teilnehmer waren bereits ausgeschieden, und es erfolgte nur noch ein einsames Stechen zwischen einem schmächtigen, lederhäutigen Finnen und einem Franzosen, die beide im ersten Versuch dieselbe Höhe geschafft hatten und nun den Sieger ermittelten. Sie
ließen sich Zeit dabei und zogen nach jedem Sprung ihre Trainingsanzüge an,
machten Rollen auf dem feuchten Rasen und liefen sich warm.

Fred ging mit sicherem Vorsprung in die zweite Kurve, er brauchte den
Vorsprung, denn er wußte, daß er nicht stark genug war auf den letzten
Metern; er konnte sich nicht auf seinen Endspurt verlassen, und darum lief er
von Anfang an auf Sieg. Er ging hart an der Innenkante in die Kurve hinein,
und sein Schritt war energisch und schwer. Er lief nicht mit der Gelassenheit
des Marokkaners, nicht mit der federnden Geschmeidigkeit der Finnen, die
immer noch den Schluß bildeten, er lief angestrengter als sie, kraftvoller und

mit kurzen, hämmernden Schritten, und er durchlief auch die zweite Kurve
105 fast im Spurt und lag auf der Gegengeraden fünfzehn Meter vor dem Marokkaner.

Als er am Start vorbeiging, hörte er eine Stimme, und er wußte, daß es die
Stimme von Ahlborn war; er sah ihn an der Innenkante auftauchen, sah das
unruhige Frettchengesicht seines Trainers und seinen blauen Rollkragenpull-
110 over, und jetzt beendete er den ersten Spurt und pendelte sich ein.

„Es ist gut gegangen", dachte Fred, „bis jetzt ist alles gut gegangen! Nach
zwei Runden kommt der erste Zwischenspurt, und bis dahin muß ich den
Vorsprung halten. El Mamin wird jetzt nicht aufschließen; der Marokkaner
wird laufen wie damals in Mailand, er wird alles in den Endspurt legen."

115 Auch Fred lief jetzt aus der Hüfte heraus, sein Schritt wurde ein wenig
leichter und länger, und sein Oberkörper richtete sich auf. Er kam sich frei
vor und stark, als er unter dem Rufen der Sprechchöre und dem rhythmi-
schen Beifall in die Kurve ging, und er hatte das Gefühl, daß der Beifall ihn
trug und nach vorn stieß, – der prasselnde Beifall ihrer Hände, der Beifall der
120 organisierten Stimmen in den Chören, die seinen Namen riefen und ihn
skandiert in den Wind und in das Brausen des Stadions schrien, und dann der
Beifall der Einzelnen, die sich über die Brüstung legten und ihm winkten und
ihm ihre einzelnen Schreie hinterherschickten. Sein Herz war leicht und
drückte nicht, es machte noch keine Schwierigkeiten, und er lief für ihren
125 Beifall, lief und empfand ein heißes, klopfendes Gefühl von Glück. Er kannte
dieses Gefühl und dieses Glück, er hatte es in hundert Läufen gefunden, und
dieses Glück hatte ihn verpflichtet und auf die Folter genommen, es hatte ihn
stets bis zum Zusammenbruch laufen lassen, auch dann, wenn seine Gegner
überrundet und geschlagen waren; er war mit einer siedenden Übelkeit im
130 Magen weitergelaufen, weil er wußte, daß er auch gegen alle abwesenden
Gegner und gegen die Zeit lief, und jeder seiner Läufe hatte in den letzten
Runden wie ein Lauf ums Leben ausgesehen.

Fred sah sich blitzschnell um, er wußte, daß es ihn eine Zehntelsekunde an
Zeit kostete, aber er wandte den Kopf und sah zu dem Feld zurück. Es hatte
135 sich nichts verändert an der Reihenfolge, der Marokkaner lief lauernd und
mit langem Schritt, hinter ihm lagen Boritsch und dann der zweite Franzose
und zum Schluß die beiden Finnen. Auch die Finnen waren schon ältere
Läufer, aber keiner von ihnen war so alt wie Holten, und Fred Holten
wußte, daß das sein letzter Lauf war, der letzte große Lauf seines Lebens, zu
140 dem sie ihn, den Ersatzmann, nur aufgestellt hatten, weil der Gewinn des
Länderkampfes vom Ausgang des 5000-Meter-Laufes abhing: sie hätten ihn
nicht aufgestellt, wenn die Entscheidung des Dreiländerkampfes bereits
gefallen wäre.

Er verspürte ein kurzes, heftiges Zucken unter dem linken Auge, es kam so
145 plötzlich, daß er das Auge für eine Sekunde schloß, und er dachte: „Jesus,
nur keine Zahnschmerzen. Wenn der Zahn wieder zu schmerzen beginnt,
kann ich aufgeben, dann ist alles aus. Ich muß den Mund schließen, ich muß
die Zunge gegen den Zahn und gegen das Zahnfleisch drücken, einen Augenblick, wenn nur der Zahn ruhig bleibt." Und er lief mit zusammengepreßtem
150 Mund durch die Kurve und wieder auf die Zielgerade unter der Tribüne, und
der Zahnschmerz wurde nicht schlimmer.

Jetzt waren noch genau vier Runden zu laufen, und Fred wußte, daß dies
sein letzter Lauf war.

Sie liefen immer noch in derselben Reihenfolge, der Marokkaner hinter
155 ihm, und dann, dicht aufgeschlossen, Boritsch, Drouineau und die beiden
Finnen. Das Stadion war gut zur Hälfte gefüllt, es waren mehr als zwanzig-

tausend Zuschauer da, und diese mehr als zwanzigtausend wußten, worum
es ging, und sie schrien und klatschten und feuerten Fred an. In das Brausen
ihrer Sprechchöre mischte sich das Brummen des alten Doppeldeckers, der in

160 großen Schleifen Reklame flog, er kreiste hoffnungslos da oben, denn niemand sah ihn jetzt. Alle Blicke waren auf die Läufer gerichtet, mehr als
vierzigtausend Augen verfolgten jeden ihrer Schritte, hängten sich an, liefen
mit: es gab keinen mehr, der sich ausnahm, sie waren alle dabei; auch die, die
auf den Zementbänken saßen, fühlten sich plötzlich zum Lauf verurteilt,

165 auch sie kreisten um die Aschenbahn, hörten die keuchende Anstrengung des
Gegners, spürten den mitleidlosen Widerstand des Windes und die Anspan-
nung der Muskeln, es gab keine Entfernung, keinen Unterschied mehr zwischen denen, die auf den Zementbänken saßen, sie waren jetzt angewiesen
aufeinander, sie brauchten sich gegenseitig. Dreieinhalb Runden waren noch

170 zu laufen; die Bahn war schwer, aufgeweicht, eine tiefhängende Wolke ver-
deckte die Sonne, schräg jagte ein Regenschauer über das Stadion. Der Regen
klatschte auf das Tribünendach und sprühte über die Aschenbahn, und die
Zuschauer auf der Gegenseite spannten ihre Schirme auf. Die Gegenseite sah
wie ein mit Schirmen bewaldeter Abhang aus, und über diesem Abhang hing

175 der Qualm von Zigaretten, von Beruhigungszigaretten. Sie mußten sich beruhigen auf der Gegenseite, sie hielten es nicht mehr aus. Fred lief auf das
riesige weiße Stoffplakat zu, er hörte die Stimme seines Trainers, der ihm die
Zwischenzeit zurief, aber er achtete nicht auf die Zwischenzeit, er dachte nur
daran, daß dies sein letzter Lauf war. Auch wenn er siegte, das wußte er,

180 würden sie ihn nicht mehr aufstellen, denn dies war der letzte Start der
Saison, und im nächsten Jahr würde es endgültig vorbei sein mit ihm. Im
nächsten Jahr würde er fünfunddreißig sein, und dann würde man ihn um
keinen Preis der Welt mehr aufstellen, auch sein Ruhm würde ihm nicht
mehr helfen.

185 Er ging mit schwerem, hämmerndem Schritt in die Kurve, jeder Schritt
dröhnte in seinem Kopf, schob ihn weiter – zwei letzte Runden, und er
führte immer noch das Feld an. Aber dann hörte er es, er hörte den keuchen-
den Atem hinter sich, spürte ein brennendes Gefühl in seinem Nacken, und
er wußte, daß El Mamin jetzt kam. El Mamin, der Marokkaner, war groß auf

190 den letzten Metern, er hatte es in Mailand erfahren, als der nußbraune Athlet
im Endspurt davonzog, hochhüftig und mit offenem Mund. Und jetzt war er
wieder da, schob sich in herrlichem Schritt heran und ließ sich ziehen, und
beide lagen weit und sicher vor dem Feld: niemand konnte sie mehr gefähr-
den. Hinter ihnen hatten sich die Finnen vorgearbeitet, Boritsch und Droui-

195 neau waren hoffnungslos abgeschlagen – hinter ihnen war der Lauf um die
Plätze entschieden. Fred trat kürzer und schneller, er suchte sich frei zu
machen von seinem Verfolger, aber der Atem, der ihn jagte, verstummte
nicht, er blieb hörbar in seinem Nacken. Woher nimmt er die Kraft, dachte
Fred, woher nimmt El Mamin diese furchtbare Kraft, ich muß jetzt loskom-

200 men von ihm, sonst hat er mich; wenn ich zehn Meter gewinne, dann kommt
er nicht mehr ran.

Und Fred zog durch die Kurve, zusammengesackt und mit schweren
Armen, und stampfte die Gegengerade hinab. Er hörte, wie sie die letzte
Runde einläuteten, und er trat noch einmal scharf an, um sich zu befreien,

205 aber der Befehl, der im Kopf entstand, erreichte die Beine nicht, sie wurden
um nichts schneller. Sie hämmerten schwer und hart über die Aschenbahn, in
gnadenloser Gleichförmigkeit, sie ließen sich nicht befehlen. El Mamin kam
immer noch nicht. Auch er kann nicht mehr, dachte Fred, auch El Mamin ist
fertig, sonst wäre er schon vorbei, er hätte den Endspurt früher angesetzt,

210 wenn er die Kraft gehabt hätte, aber er ist fertig und läßt sich nur ziehen.
Aber plötzlich glaubte er den Atem des Marokkaners deutlich zu spüren.
Jetzt ist er neben mir, dachte Fred, jetzt will er vorbei. Er sah die nußbraune
Schulter neben sich auftauchen, den riesigen Schritt in den seinen fallen: der
Marokkaner kam unwiderstehlich auf. Sie liefen Schulter an Schulter, in
215 keuchender Anstrengung, und dann erhielt Fred den Schlag. Es war ein
schneller, unbeweisbarer Schlag, der ihn in die Hüfte traf, er hatte den Arm
des Marokkaners genau gespürt, und er taumelte gegen die Begrenzung der
Aschenbahn, kam aus dem Schritt, fing sich sofort: und jetzt lag El Mamin
vor ihm. Einen Meter vor sich erblickte Fred den Körper des nußbraunen
220 Athleten, und er lief leicht und herrlich, als wäre nichts geschehen. Niemand
hatte die Rempelei gesehen, nicht einmal Ahlborns Frettchengesicht, und der
Marokkaner bog in die Zielgerade ein.

Hundert Meter, dachte Fred, er kann nicht mehr, er kann den Abstand
nicht vergrößern, ich muß ihn abfangen. Und er schloß die Augen und trat
225 noch einmal an; seine Halsmuskeln sprangen hervor, die Arme ruderten kurz
und verkrampft, und sein Schritt wurde schneller. Ich habe ihn, dachte er, ich
gehe rechts an ihm vorbei. Und als er das dachte, stürzte der Marokkaner mit
einem wilden Schrei zusammen, er fiel der Länge nach auf das Gesicht und
rutschte über die nasse Schlacke der Aschenbahn.

230 Fred wußte nicht, was passiert war, er hatte nichts gespürt; er hatte nicht
gemerkt, daß sein Nagelschuh auf die Ferse El Mamins geraten war, daß die
Dornen seines Schuhs den Gegner umgeworfen hatten, er wußte nichts
davon. Er lief durch das Zielband und fiel in die Decke, die Ahlborn bereithielt. Er hörte nicht die klare, saubere Stimme im Lautsprecher, die ihn
235 disqualifizierte, er hörte nicht den brausenden Lärm auf den Tribünen, er
ließ sich widerstandslos auf den Rasen führen, eingerollt in die graue Decke,
und er ließ sich auf die nasse Erde nieder und lag reglos da, ein graues,
vergessenes Bündel.

Aufgabe 15 Einen literarischen Text analysieren

– Wie gefällt Ihnen der Text?
  Finden Sie ihn sprachlich schwierig/leicht?
  Finden Sie ihn einfach/kompliziert?
  Passiert viel/wenig?
  Finden Sie ihn spannend/langweilig?
– Der Erzähler lenkt unsere Aufmerksamkeit wie mit einer Filmkamera, die er auf die verschiedenen
  Personen im Stadion richtet. Zeigen Sie das am Text.
  Was passiert im Abschnitt Zeile 1–15?
  Wo tritt „der Läufer" erstmalig ins Bild?
  Bis zu welcher Stelle wird er eingeführt?
  Wo wird im Text sein Name erstmalig genannt?
  An welcher Stelle beginnt der Lauf?
  Was passiert in den Zeilen 53–60 zwischen den Wörtern „dachte" und „sichtbar"?
  Analysieren Sie in dieser Weise den Text weiter: In welcher Weise wird an den verschiedenen Text-
  stellen über den Läufer berichtet?

Bundeswehr

WIR EHREN
KARL MARX

den genialen
Begründer des
wissenschaftlichen
Kommunismus - der
Weltanschauung der Arbeiterklasse

Kampfziel
der Röblinger
Berg- u. Energiearbeiter
Tägliche Planerfüllung
und Sicherung der
Versorgungsaufgaben
unter allen Bedingungen.

Jugendliche in Berlin (West)

Nationale Volksarmee

in Berlin, Hauptstadt der DDR

2 Was ist heute „Deutschland"?

Der folgende Text ist aus den „Informationen zur politischen Bildung", die von der Bundeszentrale für politische Bildung in der Bundesrepublik Deutschland herausgegeben werden.

Im Sommer 1983 berichteten Zeitungen über das Strafverfahren gegen einen in Ost-Berlin inhaftierten Bürger der Bundesrepublik Deutschland unter der Schlagzeile „Deut-
5 scher in der DDR zu lebenslanger Haft verurteilt". Bei der letzten Eishockey-Weltmeisterschaft wurde bei uns die Rangordnung der Mannschaften mit „5. Deutschland, 6. DDR" angegeben. In der internationalen Sportöf-
10 fentlichkeit erscheinen „FRG" (Federal Republik of Germany) und „GDR" (German Democratic Republic) nebeneinander. Bei den Olympischen Spielen 1984 in Los Angeles zog die bundesdeutsche Mannschaft unter
15 der Bezeichnung „Germany" ein.*
Bundesdeutsche Sportmannschaften gelten ihrem Publikum zumeist als „Deutsche", während Sportler aus Leipzig oder Jena für viele keinen „deutschen", sondern einen
20 „DDR"-Rekord aufstellen. Auch in der politischen Publizistik wird oft von „deutscher" Volkswirtschaft, Regierung, Diplomatie, Parteienlandschaft und so fort gesprochen, wenn die Bundesrepublik Deutschland ge-
25 meint ist. In unserer öffentlichen und privaten Sprechweise werden die Bewohner der DDR nicht einfach als Deutsche, sondern als „Ostdeutsche", „DDR-Deutsche", „Menschen von drüben" oder von „jenseits der
30 Elbe und Werra" bezeichnet.
Ähnliche Sprach- und Bewußtseinsentwicklungen vollziehen sich auch in der DDR, wenn auch oft zögernder. So berichtete ein aus der DDR in die Bundesrepublik gekommener
35 Theaterregisseur über den Sprachgebrauch seines vierjährigen Sohnes: „Wir" in der DDR, meinte dieser, haben den Zweiten Weltkrieg an der Seite der Roten Armee gewonnen, „die Deutschen drüben" hätten ihn ver-
40 loren. Es zeigt sich allenthalben: Die Macht der politisch-semantischen Umwelt, der Wörter und Begriffe vermag politisches Bewußtsein langfristig und dauerhaft zu prägen.

* Die DDR nahm nicht teil.

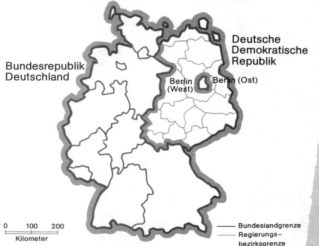

Bundesrepublik Deutschland

Deutsche Demokratische Republik

Berlin (West)   Berlin (Ost)

0   100   200
Kilometer

——— Bundeslandgrenze
——— Regierungs-
bezirksgrenze

Aufgabe 1   Informationen sammeln und ordnen

Auf der Landkarte finden Sie die „Bundesrepublik Deutschland" und die „Deutsche Demokratische Republik". Die Karikatur (aus dem Jahr 1954) spricht von „Deutschland". Wie kann man Ihrer Meinung nach diesen Widerspruch erklären?

Aufgabe 2   Informationen im Text auswerten und beurteilen

– Im Westen wird die Bundesrepublik oft mit „Deutschland" gleichgesetzt. Sammeln Sie Beispiele im Text oben rechts zum Bereich „Sport".
– Im Sprachgebrauch mancher Leute in der Bundesrepublik finden sich unterschiedliche Bezeichnungen für die DDR-Bewohner: „Ostdeutsche", „DDR-Deutsche", „Menschen von drüben" etc. Welche Vorstellungen stehen hinter diesen Bezeichnungen?
– „Ähnliche Sprach- und Bewußtseinsentwicklungen vollziehen sich auch in der DDR." (Zeile 31–33) Belegen Sie diese Aussage mit Hilfe des Textes.
– „Die Macht der ... Wörter und Begriffe vermag politisches Bewußtsein langfristig und dauerhaft zu prägen." (Zeile 40–43) Erläutern Sie diese These anhand von Beispielen und diskutieren Sie.

Berlin – noch immer die „Hauptstadt Deutschlands"?

Stellen Sie sich vor, daß unweit des Trafalgar Square, unweit der Place Vendôme, unweit des Times Square, des Schwarzenbergplatzes, der Piazza Venezia eine Mauer London, Paris, New York, Wien, Rom in zwei Teile teilt, daß den Bewohnern des einen Teils das Betreten des anderen Teils verboten ist, Bewohner des anderen Teils das Betreten des einen Teils nur gelegentlich auf Grund besonderer Formalitäten gestattet ist.

Hans Weigel 1978

4 Stichwörter zur deutschen Geschichte seit 1945

1945 Mai:
Kapitulation des Deutschen Reiches; Ende des Nazi-Regimes und des Krieges; Aufteilung Deutschlands in vier Besatzungszonen durch die Alliierten (USA, England, Frankreich, UdSSR): eine amerikanische, britische, französische, sowjetische; gemeinsame Kontrolle Berlins durch die Alliierten

1947 Juni:
Marshall-Plan (Hilfe für ein Wiederaufbauprogramm in Europa durch die USA)

1948 Juni:
Währungsreform in den drei Westzonen (amerik., brit., franz.) und in Berlin (West): 10 Reichsmark = 1 DM-West; Blockade der Zufahrtswege nach Berlin (West) durch die sowjetische Militärregierung bis Mai 1949; Antwort der Amerikaner, Briten und Franzosen (auf die Blockade): Versorgung Berlins aus der Luft mit allem, was die Stadt zum Leben braucht (Berliner Luftbrücke)
September:
Bildung des Parlamentarischen Rates für die Trizone (amerik., brit., franz.) mit dem Auftrag, eine Verfassung für einen westdeutschen Staat auszuarbeiten (Präsident: Konrad Adenauer)

1949 März:
Erarbeitung einer Verfassung durch den Volksrat der sowjetischen Zone
Mai:
Gründung der Bundesrepublik Deutschland (Grundgesetz)
Oktober:
Gründung der Deutschen Demokratischen Republik (Verfassung)

1952 März/April:
Ablehnung des Verhandlungsvorschlags der UdSSR für ein neutrales wiedervereinigtes Deutschland durch die Westmächte und Adenauer
Mai:
Deutschlandvertrag zwischen der Bundesrepublik und den Westmächten (USA, GB, F): Ende der Besatzungszeit

1945

1948

1961

1972

1954 Oktober:
Pariser Verträge: Anerkennung der Bundesrepublik als eines souveränen Staates; Beitritt der Bundesrepublik zur NATO (Nordatlantikpakt, seit 1949)

1955 Juni:
Gründung des Warschauer Pakts; Mitgliedschaft der DDR im Warschauer Pakt

1961 August:
Bau der Mauer in Berlin durch die DDR

1968 April:
Bezeichnung der DDR als „sozialistischer Staat deutscher Nation" in der neuen Verfassung der DDR

1970 August:
Unterzeichnung des Moskauer Vertrags durch die UdSSR und die Bundesrepublik: Gewaltverzicht, Anerkennung der bestehenden Grenzen in Europa

1971 September:
Viermächteabkommen über Berlin: Beibehaltung der Oberhoheit der vier Alliierten über Berlin; Bindung von Berlin (West) an die Bundesrepublik; Regelung des Transitverkehrs von der Bundesrepublik nach Berlin (West) zwischen der DDR und der Bundesrepublik

1972 Mai:
Vertrag zwischen der DDR und der Bundesrepublik zur Regelung des Reiseverkehrs
Dezember:
Grundlagenvertrag zwischen der DDR und der Bundesrepublik: Verzicht auf Gewaltanwendung, Anerkennung der Grenzen, Reiseerleichterungen

1973 September:
Aufnahme beider deutscher Staaten in die UNO

1974 Juni:
Einrichtung „Ständiger Vertretungen" in Bonn und Berlin (Hauptstadt der DDR): ‚Normalisierung' der Beziehungen zwischen beiden deutschen Staaten

Aufgabe 3   Ereignisse chronologisch darstellen

– Erläutern Sie anhand der „Stichwörter zur deutschen Geschichte seit 1945" mit Ihren eigenen Worten die historischen Entwicklungen in Deutschland.
– Notieren Sie Stichwörter zu den wichtigsten Ereignissen in Ihrem Land von 1945 bis heute, und berichten Sie darüber mit Hilfe dieser Stichwörter.

Aufgabe 4   Diskutieren

Was hat sich Ihrer Meinung nach besonders auf die Teilung Deutschlands ausgewirkt? Welche Ereignisse waren für die „Normalisierung" der Beziehungen zwischen beiden deutschen Staaten wichtig?

Die „deutsche Frage"

Die historische Entwicklung
„Deutschlands"
im 19. und 20. Jahrhundert

Darstellung aus der Sicht
der Bundesrepublik Deutschland:

„Unter der ‚Deutschen Frage' versteht
man in unserer öffentlichen Publizistik,
wissenschaftlichen Diskussion und auch
im Politikunterricht unserer Schulen die
5 Erörterung der deutschen Teilung, ihrer
Ursachen und Entwicklung während der
letzten rund 40 Jahre. Auch die politisch-
gesellschaftlichen Systeme der beiden
deutschen Staaten und ihr Vergleich
10 werden zumeist dazu gerechnet. Ferner
sind die Berlin-Frage, die Oder-Neiße-
Frage[1] und damit die Vertreibung der
Deutschen aus den Ostgebieten[2] des
Deutschen Reiches und aus Osteuropa
15 sowie die völkerrechtlichen Fragen nach
den deutschen Grenzen ebenso fortdau-
ernd aktuelle Teilaspekte der Deutschen
Frage wie etwa das Verhältnis der
Bundesrepublik Deutschland und der
20 DDR zueinander, also die Probleme des
„innerdeutschen" Verhältnisses. "

[1] Grenze zwischen DDR und Polen
[2] vgl. Karten 1937 und 1945

Aufgabe 5 **Die historische Entwicklung anhand der Landkarten beschreiben**

– Vergleichen Sie auf den Landkarten von Mitteleuropa die Veränderungen im 19. und 20. Jahrhundert.
  Wenn Sie Interesse haben: Versuchen Sie die Ursachen der Veränderungen in einem Geschichtswerk nachzuschlagen (Napoleonische Kriege – Deutscher Bund – Preußen – Deutsch-französischer Krieg – Deutsches Reich – Erster Weltkrieg – Faschismus – Zweiter Weltkrieg).
– Legen Sie eine Tabelle mit den historischen Daten Ihres Landes im 19. und 20. Jahrhundert (bis 1945) an, und vergleichen Sie die Entwicklung mit der in (im übrigen) Mitteleuropa.

Aufgabe 6 **Informationen im Text sammeln und ordnen**

Im Text oben rechts finden Sie viele Einzelaspekte zur deutschen Frage. Vervollständigen Sie das Schema.

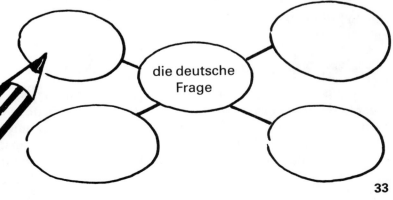

die deutsche Frage

6 Die Identitätskrise der Deutschen: Was ist das – „deutsch"?

Peter Schneider

Ich bin letztes Jahr 40 geworden, die beiden Staaten, die das Wort „deutsch" in ihren Initialen führen, haben gerade ihren dreißigsten Geburstag gefeiert. Ich bin also knapp zehn Jahre älter als der Staat, der da neben und in

5 mir aufgewachsen ist. Schon aus Altersgründen kann ich ihn nicht mein Vaterland nennen. Hinzu kommt, daß dieser Staat nur einen Teil des Landes repräsentiert, das mein Vaterland wäre. Falls mein Vaterland existiert, so ist es kein Staat, und der Staat, dessen Bürger ich bin, ist kein

10 Vaterland. Wenn ich auf die Frage nach meiner Nationalität ohne Zögern antworte, ich bin Deutscher, so optiere ich damit offensichtlich nicht für einen Staat, sondern für meine Zugehörigkeit zu einem Volk, das keine staatliche Identität mehr besitzt. Damit behaupte ich aber gleich-

15 zeitig, daß meine nationale Identität nicht an meine Zugehörigkeit zu einem der beiden deutschen Staaten gebunden ist.

Dasselbe gilt für die Behauptung „Ich komme aus Deutschland". Entweder hat der Begriff keinen Sinn,

20 oder ich spreche von einem Land, das auf keiner politischen Landkarte verzeichnet ist. Solange ich von einem Land namens Deutschland spreche, spreche ich weder von der DDR noch von der BRD, sondern von einem Land, das nur in meiner Erinnerung oder Vorstellung

25 existiert. Gefragt, wo es liegt, wüßte ich keinen anderen Aufenthaltsort zu nennen als seine Geschichte und die Sprache, die ich spreche. (...)

Wenn ein Vaterland der Deutschen weiterhin existiert, so hat es am ehesten in ihrer Muttersprache überlebt, und

30 wenn es wahr ist, daß das Land vom Vater und die Sprache von der Mutter stammt, so hat sich das mütterliche Erbe als stärker erwiesen. In dieser Hinsicht scheinen die Deutschen wieder beim Anfang ihrer Geschichte angelangt. Das Wort deutsch bezeichnete ja ursprünglich

35 weder ein Volk noch einen Staat, sondern bedeutete „Volk", „volksmäßig", als Bezeichnung der gemeinsamen Sprache verschiedener Stämme, die die gesprochene Sprache gegen die lateinische Urkunden- und Kirchensprache durchzusetzen begannen. Diese sprachliche Einheit bestand Jahrhunderte vor der Gründung des Heiligen Römischen Reiches Deutscher Nation, und sie hat die Entstehung und den Zerfall aller weiteren unheiligen Reiche überlebt. In einem bestimmten Sinn scheinen die Deutschen also wieder am Ausgangspunkt ihrer Geschichte angelangt: das Wort „deutsch" läßt sich unmißverständlich nur noch als Adjektiv gebrauchen, und zwar nicht in bezug auf Staat oder Vaterland, sondern, soweit von der Gegenwart die Rede ist, in bezug auf ein einziges Substantiv: Sprache.

Der Schriftsteller Peter Schneider lebt in Berlin (West). Der Titel seines Buches „Der Mauerspringer" bezieht sich auf die Mauer, die Berlin teilt.

Aufgabe 7   Zentrale Aussagen eines Textes belegen

Suchen Sie im Text Belege für die folgenden Aussagen:
Peter Schneider betrachtet weder die Bundesrepublik noch die DDR als sein Vaterland.
Als Deutscher gehört er seiner Meinung nach nicht zu einem bestimmten Staat, sondern zu einem Volk.
Er glaubt, daß es Deutschland nur in der Geschichte und in der Sprache gibt.
Er sagt, daß man heute das Adjektiv „deutsch" nur im Hinblick auf die Sprache benutzen kann.

Meinungsumfragen in der Bundesrepublik zur „Deutschen Frage"

In der Bundesrepublik gibt es eine Reihe von Instituten (z. B. INFAS, INFRA-TEST und EMNID), die durch Meinungsumfragen ein Bild der ‚öffentlichen Meinung' zu bestimmten Fragen zu ermitteln suchen. Selbstverständlich gibt es auch immer wieder Untersuchungen, wie die Deutschen in der Bundesrepublik zur „deutschen Frage" stehen.
Wir haben zwei Ergebnisse solcher Meinungsumfragen ausgewählt.

Frage 1
die ‚Grundsatzfrage':

Ist die DDR für Sie Ausland oder kein Ausland?

	Infas-Erhebung unter der Gesamt-bevölkerung im Bundesgebiet 1979	Infratest-Befragung von Jugendlichen in der Bundesrepublik zwischen 14 und 21 Jahren (April/Juni 1981)
Ausland	25	43
Kein Ausland	70	56
Keine Angaben	5	1

Frage 2
die ‚Prioritäten':

Was halten Sie für vordringlicher: die Vereinigung der DDR mit der Bundesrepublik oder eine europäische Vereinigung? (Emnid)

	1983	1973	1965
Vereinigung DDR–Bundesrepublik Deutschland	36	23	69
europäische Vereinigung	60	65	24
keine Antwort	3	12	7

Aufgabe 8 Statistische Angaben auswerten und kommentieren

– Erläutern Sie, wie die Bundesbürger 1979 das Verhältnis zur DDR eingeschätzt haben. Welche Unterschiede ergeben sich zwischen den Aussagen der Gesamtbevölkerung (1979) und den Jugendlichen (1981)?
– Kommentieren Sie die Aussagen der Bundesbürger zur Frage der Wiedervereinigung bzw. der Vereinigung der europäischen Staaten.
Welche Entwicklungen lassen sich zwischen 1965 und 1983 feststellen? Wie beurteilen Sie diese Entwicklungen?

Aufgabe 9 Eine Karikatur beschreiben und ergänzen

– Beschreiben Sie die Entwicklungen zwischen den ‚Deutschen in West und Ost', wie sie auf den folgenden Bildern einer Karikatur (1945 – 1955 – 1965) dargestellt sind:

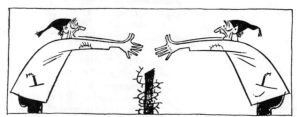

1945: «Bruder»

1955: «Mein lieber Vetter!»

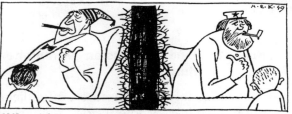

1965: «Ach ja – wir haben irgendeinen entfernten Verwandten im Ausland . . .»

1975, 1985, . . . ? ?

– Versuchen Sie, die Weiterentwicklung der deutsch-deutschen Beziehungen 1975 und 1985 zu beschreiben (oder zu zeichnen). Sie können dabei die „Stichwörter zur deutschen Geschichte seit 1945" in Abschnitt 4 (S. 32) verwenden.

8 Wie denkt man im Ausland über die „deutsche Frage"?

Lieber zweimal Deutschland als einmal?

Andreottis undiplomatische Wahrheiten: ein Anstoß für Bonn, endlich ein Konzept vorzulegen / Von Theo Sommer

Italiens Außenminister, der Christdemokrat Giulio Andreotti, ist mit beiden Füßen voll ins Bonner Fettnäpfchen gesprungen. Bei einer Podiumsdiskussion in Rom sagte er letzte Woche: „Wir alle sind damit einverstanden, daß es zwischen den beiden Deutschland gute Beziehungen geben muß . . . aber man darf in dieser Hinsicht nicht übertreiben . . . Der Pangermanismus muß überwunden werden. Es gibt zwei deutsche Staaten, und zwei sollen es bleiben . . ."
Andreotti verstieß gegen den westlichen Comment. Aber Österreichs welterfahrener Altkanzler hat völlig recht mit seinem Satz: „Dem Herrn Andreotti ist es halt passiert, daß er etwas deutlicher formulierte, was alle denken."

„Alle" – das ist vielleicht übertrieben. Die meisten indes denken so; auch im Westen. Mauriacs gallisch-galliges Wort schimmert noch heute durch die Leitartikel der französischen Blätter: „Ich liebe Deutschland so sehr, daß ich glücklich bin, zwei davon zu haben." Jedenfalls ist der Argwohn nirgendwo größer als in Frankreich, daß die Westdeutschen sich aus der Europäischen Gemeinschaft in ein mythisches Mitteleuropa fortstehlen könnten; alle paar Jahre bricht er in geradezu neurotischen Diskussionen über die *incertitudes allemandes*, die deutschen Ungewißheiten, wieder auf.

Die Briten haben mehr Verständnis für die Unruhe der Deutschen, fürchten sie freilich nicht minder, wie unsere kleinen Nachbarn auch. Selbst in Amerika, das der deutschen Frage lange Zeit mit Gelassenheit gegenüberstand, grassiert nun Unbehagen – und gerade unter Konservativen.
Der Kolumnist William Safire, der unlängst ein Komplott zwischen Helmut Kohl und Erich Honecker zur Veränderung der europäischen Landschaft vermutete, steht da nicht allein. Man könne leicht zu viel in das deutsch-deutsche Zusammenspiel hineingeheimnissen, schrieb die New York Times, aber es sei gefährlich, es zu bagatellisieren: „Diese Regungen könnten als letzte Schritte betrachtet werden, sich in die bittere Niederlage zu schicken. Aber wahrscheinlicher ist es, daß sie die schwächlichen ersten Schritte ins Unbekannte sind – getan von Leuten, nach deren Ansicht ihre Väter, nicht sie den Zweiten Weltkrieg verloren haben." Die Idee der deutschen Einheit wird auch den Amerikanern unheimlich. Wenn Deutschland geeint und entwaffnet wäre, so fragen viele, wer würde es entwaffnet halten? Wenn es geeint und bewaffnet wäre, wer würde es eindämmen?
Die Fragen sind alt. Die Antworten auch. Charles de Gaulle, der lange Zeit Deutschland nur in seinen Komponenten Preußen, Bayern, Sachsen sehen wollte, bekehrte sich 1959 zwar zur Idee der Wiedervereinigung, aber mit dem ausdrücklichen Vorbehalt, daß das deutsche Volk „seine gegenwärtigen Grenzen im Westen, Osten, Norden und Süden nicht wieder in Frage stellt" – kein Pangermanismus also; zu jener Zeit gab es in Bonn auch einen empörten Aufschrei. Im selben Jahr erklärte John Foster Dulles dem damaligen Berliner Bürgermeister Brandt: „Die Russen und wir mögen uns über tausend Dinge uneinig sein. Doch über eines gibt es keine Meinungsverschiedenheit: Wir werden es nicht zulassen, daß ein wiedervereinigtes, bewaffnetes Deutschland im Niemandsland zwischen Ost und West umherirrt."
An alledem hat sich bis heute nichts geändert. Wiedervereinigung? Für viele Deutsche ist sie ein Traum, für die meisten ihrer Nachbarn ein Alptraum. Die Bundesregierung könnte Andreotti sogar dankbar sein, daß er – wie undiplomatisch auch immer – daran erinnert hat. Im übrigen hat sich Kohls Mannschaft einiges von dem, was der Bundesrepublik heute aus dem westlichen und östlichen Ausland an Argwohn entgegenschlägt, selber zuzuschreiben.
Die Bundesregierung hat die deutsche Frage „revitalisieren" und sich auf eine Politik der „aktiven Offenhaltung" verlegen wollen – so zwei Wortprägungen von Staatsminister Mertens. Es ist bei Sprüchen geblieben, ein Konzept ist, um ein famoses Kanzlerwort zu benutzen, „hinten" bisher nicht herausgekommen. Wenn es nicht bald sichtbar wird, sind noch viele Pannen à la Andreotti zu gewärtigen. Der Argwohn unserer Nachbarn in Ost und West ist jedenfalls durch bramarbasierende Empörung allein nicht zu entkräften. Auch braucht die Deutschlandpolitik eine Perspektive, wenn sie nicht im Gestrüpp der ideologischen Gegensätze hängenbleiben soll.

Die Zeit, 21. 9. 84

Aufgabe 10 **Informationen im Text ordnen**

Legen Sie eine Tabelle der Länder an, die im Text genannt werden, und notieren Sie Stichwörter zu den Aussagen, die die Vertreter der einzelnen Länder zur „deutschen Frage" gemacht haben.

Aufgabe 11 **Eine Diskussion vorbereiten und durchführen**

– Gibt es in Ihrem Land eine „öffentliche Meinung" (Politik; Medien) zur „deutschen Frage"? Welche?
– Was ist Ihre persönliche Meinung?

Eindrücke aus der DDR und aus der Bundesrepublik – Interviews mit vier ausländischen Studentinnen

9

SUN JING (VR China) studiert seit zwei Jahren in Kassel. Bei ihrem Besuch in Berlin (Ost) sind ihr die Spruchbänder und das Fehlen der Reklame aufgefallen.
Die unterschiedlichen Kulturtraditionen zwischen Chinesen und Deutschen führen oft zu Problemen. Die Deutschen können z. B. ohne Terminkalender nicht leben, meint sie. Besonders fremd sind für sie die Vorstellungen der christlichen Religion.

SUDAWAN SINDHU-PRAMA (Thailand) hat zwei Jahre in der Bundesrepublik studiert. Bei ihrer Fahrt durch die DDR fiel ihr die strenge Grenzkontrolle auf. Von der Führung durch Berlin (Ost) war sie sehr beeindruckt. Sie meint, die Deutschen seien sehr ernst, und das Alltagsleben sei sehr verplant und geregelt.

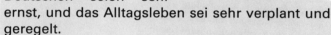

ELLEN SCHURT (Brasilien) lebt seit zwei Jahren in der Bundesrepublik. Sie war öfter in der DDR, in der Nähe von Meißen. Ihr gefiel die Atmosphäre in der DDR: es war gemütlich und nicht hektisch, die Leute waren sehr freundlich.
Die Bundesrepublik empfindet sie als „ein sehr aufgeräumtes und organisiertes Land", das industriell hoch entwickelt ist, aber auch viele Probleme hat (Stationierung von Raketen, Waldsterben, Umweltverschmutzung etc.)

ZHANG XIAOHONG (VR China) studiert seit zwei Jahren in der Bundesrepublik. Sie war bei ihrem Besuch in Berlin (Ost) vor allem von der Freundlichkeit und Gelassenheit der Leute beeindruckt.
In der Bundesrepublik achtet man sehr darauf, eine „kritische Meinung" zu haben, sagt sie. Die Deutschen sind ihrer Meinung nach so direkt und geben einem keine Zeit zum Nachdenken.

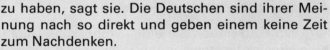

Aufgabe 12   Gehörtes verstehen

Lesen Sie zuerst die Texte zu den Interviews und hören Sie dann die Interviews von der Kassette.
Machen Sie beim Hören Notizen zu folgenden Fragen:
– Wie lange sind die Interviewten schon in der Bundesrepublik?
– Wo waren sie in der DDR und wie lange?
– Welche Eindrücke haben sie dort bekommen?
– Welche Eindrücke/Meinungen haben sie über die Bundesrepublik und ihre Bewohner bekommen?

Aufgabe 13   Diskutieren

Welche der Interviewten hat Ihrer Meinung nach
– ein besonders positives bzw. kritisches Bild von der DDR bzw. der Bundesrepublik?
– Begründen Sie Ihre Meinung mit Beispielen aus den Interviews.

10 Die Situation aus der Sicht der Bundesrepublik Deutschland...

Bundespräsident Richard von Weizsäcker: Grunddaten unserer Lage

Wir haben unsere besonderen Schwierigkeiten mit unserem Nationalgefühl. Unsere eigene Geschichte mit ihrem Licht und ihrem Schatten und unsere geografische Lage im
5 Zentrum Europas haben dazu beigetragen. Aber wir sind nicht die einzigen auf der Welt, die ein schwieriges Vaterland haben. Das sollten wir nicht vergessen. Nirgends sind zwei Nationen einander gleich. Jedes
10 Nationalgefühl hat seine besonderen Wurzeln, seine unverwechselbaren Probleme und seine eigene Wärme.

Unsere Lage, die sich von der der meisten anderen Nationen unterscheidet, ist kein
15 Anlaß, uns ein Nationalgefühl zu versagen. Das wäre ungesund für uns selbst, und es wäre nur unheimlich für unsere Nachbarn. Wir müssen und wir dürfen uns in der Bundesrepublik Deutschland zu unserem natio-
20 nalen Empfinden bekennen, zu unserer Geschichte, zur offenen deutschen Frage, zur Tatsache, daß wir überzeugte Bündnis- und Gemeinschaftspartner sein können und doch mit dem Herzen auch jenseits der Mauer
25 leben.

...

Zwei Grunddaten sind es, die diese Lage kennzeichnen. Das eine ist die Zugehörigkeit zum Westen. Sie beruht auf unserer Entscheidung für die Grundwerte des frei-
30 heitlichen und sozialen Rechtsstaates. Sie ist endgültig und unwiderruflich. Es ist dieser geistige und humane Boden, auf dem unsere Mitgliedschaft in der Europäischen Gemeinschaft und im Atlantischen Bündnis beruht.

35 Nur weil die Partnerschaft auf gemeinsamen Überzeugungen von Menschenrecht und freier Gesellschaft gründet, kann sie Interessen ihrer Mitglieder schützen. Unser Wille zu dieser Partnerschaft ist keine opportuni-
40 stische Episode von vorübergehender Dauer und schon gar kein Gegensatz zu unserer deutschen Identität, sondern vielmehr ihr unentbehrlicher Bestandteil. Wir haben länger als andere gebraucht und es nur unter
45 größeren Schmerzen erreicht, zu dieser Lebensform zu kommen. Um so weniger werden wir sie je wieder preisgeben wollen.

Eine besondere Gemeinschaft verknüpft uns mit den Deutschen im anderen deutschen
50 Staat. Das ist das andere Grunddatum unserer Lage. Die Geschichte hat ihnen am Ende des Zweiten Weltkrieges den schwereren Teil als uns auferlegt.
Um so mehr sollten wir sie spüren lassen,
55 daß wir die Verantwortung für diese Geschichte mit ihnen ebenso teilen wie die Wurzeln unseres geistigen und sozialen Lebens, allen Systemunterschieden zum Trotz.

...

Uns Deutsche in Ost und West verknüpft ei-
60 ne elementare menschliche Zusammengehörigkeit. Erzwungene Abgrenzung und Zeitablauf haben sie nicht absterben lassen. Man denke nur an die Mauer. Die Absicht ihrer Erbauer war nur allzu klar und folgerichtig.
65 Es galt, das eigene politische System zu konsolidieren. Die Bevölkerung der DDR sollte sich abfinden mit Teilung und Trennung.

Mahnmal „Unteilbares Deutsch...

Aber fast noch deutlicher als vor 23 Jahren sehen wir heute, daß die Mauer dieses Ziel
70 verfehlt. Wider Willen ist sie der überzeugende täglich frische Beweis, daß diese Frage offen ist, die sie abschließend zu beantworten versuchte. Sie macht die Zusammengehörigkeit nur augenfälliger, da sie verges-
75 sen machen wollte.

(1984)

Aufgabe 14 Ein Bild interpretieren

Auf dem Foto finden Sie eine symbolische Darstellung des ‚deutschen Problems'. Versuchen Sie, mit Ihren eigenen Worten auszudrücken, was die Plastik darstellt.

Aufgabe 15 Den Text „Grunddaten unserer Lage" (Bundespräsident Richard von Weizsäcker) auswerten

Erläutern Sie mit Hilfe der Aussagen im Text die folgenden Stichwörter:

Schwierigkeiten mit unserem Nationalgefühl

schwieriges Vaterland

wir sind überzeugte Bündnispartner

wir leben mit dem Herzen auch jenseits der Mauer

uns Deutsche in Ost und West verknüpft eine elementare Zusammengehörigkeit

... und aus der Sicht der Deutschen Demokratischen Republik

...vatiiplatz in Münster (Westfalen)

Sozialistische deutsche Nation in der DDR (1984)

Die deutsche Nation wurde nach dem Zweiten Weltkrieg durch die deutsche Großbourgeoisie und ausländische Imperialisten, insbesondere der USA, gespalten, um eine fortschrittliche, sozialistische Entwicklung der ganzen Nation zu verhindern und wenigstens in einem Teil des ehemaligen Deutschland die Machtpositionen des Imperialismus zu erhalten. Als Ergebnis dieser Entwicklung entstanden zwei deutsche Staaten mit entgegengesetzten gesellschaftlichen Systemen: die sozialistische DDR und die monopolkapitalistische BRD. In der DDR entwickelt und festigt sich die sozialistische deutsche Nation. (...)

Die sozialistische deutsche Nation und die kapitalistische deutsche Nation beruhen auf entgegengesetzten gesellschaftlichen Grundlagen, sie haben einen entgegengesetzten ökonomischen, sozialen, politischen und ideologischen Inhalt, sie sind Entwicklungsformen entgegengesetzter Gesellschaftsformationen, und sie setzen aus entgegengesetzte geschichtliche Traditionslinien fort. Deshalb kann es zwischen ihnen keine Vereinigung geben. Die Tatsache, daß zwischen der sozialistischen deutschen Nation und der kapitalistischen deutschen Nation ethnische Gemeinsamkeiten bestehen, daß sie gleicher Nationalität sind, kann daran nichts ändern.

Denn erstens sind die sozialen Faktoren, die soziale Grundlage und der sozialpolitische Inhalt der Nation entscheidend, und zweitens werden ethnische Faktoren nur in der Verbindung mit den sozialen Faktoren für die Nation bedeutungsvoll und gewinnen den Charakter nationaler Gemeinsamkeiten. Es gibt auch ethnische Gemeinsamkeiten zwischen Deutschen, Österreichern, Schweizern und den französischen Elsässern und Lothringern, ohne daß es sich um nationale Gemeinsamkeiten handelt. Die Versuche, eine angeblich noch existierende einheitliche deutsche Nation zu konstruieren, sind darauf gerichtet, die gesetzmäßige Entwicklung der sozialistischen Nation in der DDR aufzuhalten, das Rad der Geschichte zurückzudrehen und revanchistische Forderungen zu rechtfertigen. Die DDR und die sozialistische deutsche Nation sind fest im sozialistischen Weltsystem verankert, und ihre Annäherung an die anderen sozialistischen Nationen vertieft sich gesetzmäßig. Die Frage, ob in späterer Zeit, wenn die Arbeiterklasse der BRD im Bündnis mit allen Werktätigen die sozialistische Umgestaltung der Gesellschaft und der kapitalistischen Nation erkämpft haben wird, eine einheitliche sozialistische deutsche Nation entstehen kann, muß gegenwärtig offenbleiben. Ob diese Möglichkeit dann real wird oder nicht, hängt von Bedingungen ab, die heute nicht zu überblicken sind.

Kleines politisches Wörterbuch, Berlin, Hauptstadt der DDR, 1983

Aufgabe 16 Den Text „Sozialistische deutsche Nation" auswerten

Erläutern Sie mit Hilfe der Aussagen im Text die folgenden Stichwörter:

Die deutsche Nation wurde nach dem Zweiten Weltkrieg gespalten	Keine Vereinigung trotz gleicher Nationalität
Es entstanden zwei Staaten: die DDR und die BRD	Soziale Fragen sind entscheidender als ethnische Fragen
Sie haben entgegengesetzte gesellschaftliche Grundlagen	Die DDR ist im sozialistischen Weltsystem verankert
	Eine Wiedervereinigung ist unter bestimmten Bedingungen denkbar

Aufgabe 17 Politische Texte analysieren

In diesen beiden „offiziellen" Texten wird jeweils die *eigene* Position positiv dargestellt und die ‚gegnerische' Position abgewertet.
– Suchen Sie dazu Beispiele in beiden Texten.
– Vergleichen Sie die Darstellungen der Bundesrepublik und der Deutschen Demokratischen Republik, die einmal aus ‚westlicher' und einmal aus ‚östlicher' Sicht verfaßt ist.

Aufgabe 18 Standpunkte vergleichen

In den beiden Texten werden grundlegend verschiedene Positionen zur „deutschen Frage" skizziert.
Vergleichen Sie die Aussagen zu
– Nation
– Nationalgefühl
– Zusammengehörigkeit
– Wiedervereinigung.

11 Zweimal deutsche Sprache

a) Neue Wörter, die jeweils im anderen deutschen Staat nicht bekannt sind:

„Von den „Datschen" habe ich gesprochen, jenen oft auch schon winterfesten Sommerhäusern, die viele drüben inzwischen besitzen. Reizvoll wäre eine Untersuchung, wie sich, zu allen Zeiten und an allen Orten,
5 tief einschneidende historische Fakten in der Umgangssprache der jeweils betroffenen Völker niedergeschlagen haben. Westdeutsche Besucher in unserer Ständigen Vertretung meinten oft, wenn ich von den Datschen in Mitteldeutschland berichtete, ich
10 wolle etwas sprachlich ironisieren. Tatsächlich gebrauchen die Deutschen drüben diesen russischen Ausdruck mit derselben Selbstverständlichkeit, mit der wir heute die von unseren Besatzungsmächten übernommene Bezeichnung „Bungalow" im Munde führen. Historisierende Feinschmecker können eine solche Untersuchung auf die Speisekarten ausdehnen. Wer heute westlich oder östlich der Elbe steht, läßt sich bei uns auch an dem Vordringen der „Hamburgers" ablesen, denen drüben die „Soljanka" entspricht, eine ukrainische Bauernsuppe, die buchstäblich in jedem Dorfgasthaus der DDR die früher so gewohnte Tagessuppe ist."

G. Gaus (Missionschef der Ständigen Vertretung der Bundesrepublik in der DDR), Texte zur deutschen Frage (publiziert in der Bundesrepublik)

b) Der Schriftsteller STEFAN HEYM (DDR) meint dagegen, daß es trotz aller Unterschiede nur *eine* deutsche Sprache gibt:

Es gibt heute eine *lingua* der Bundesrepublik, so wie es eine der DDR gibt. Beide haben sie sich aus den unter-
5 schiedlichen sozialen Verhältnissen der beiden deutschen Staaten heraus entwickelt und aus den Einflüssen, welche die jeweili-
10 gen Besatzungssprachen noch in der Übersetzung auf das jeweilige Deutsch der Besetzten ausübten. Besonders deutlich wird das in offiziellen Verlautbarungen, in denen wir eine ganz wun-
15 derbare Mischung einerseits der Sprache des russischen Hofzeremoniells und andererseits des amerikanischen Bürokraten-Jargons mit dem alten preußischen Amtsdeutsch erleben können. Aber auch die Alltagssprachen der Großmächte haben mit ihrem Slang, ihren Fachausdrücken und vor allem ihrer Diktion das eigne Besatzungsgebiet durchdrungen, so daß es, Ost wie West, Wortwendungen gibt, die im jeweils anderen Teil Deutschlands der Übersetzung bedürfen.
(...)
Trotzdem ist es immer noch *eine* deutsche Sprache, im Staat des real existierenden Sozialismus wie in dem des real existierenden deutschen Kapitalismus, und lassen Sie uns, wenn möglich, alles dafür tun, daß es *eine* deutsche Sprache bleibt. Diese eine deutsche Sprache schafft natürlich entsprechende Emotionen und entsprechende Haltungen; es ist etwas anderes, wenn einer, legal oder illegal, aus einem deutschen Staat in den anderen übersiedelt, als wenn, sagen wir, ein Tscheche sein Land verläßt. Der Tscheche geht ins Exil; der Deutsche, bei allen Unterschieden im täglichen Leben, geht von Deutschland nach Deutschland.

Aufgabe 19 Eine Aussage mit Beispielen belegen

Stefan Heym sagt, daß die Alltagssprachen der Großmächte mit ihrem Slang, ihren Fachausdrücken und ihrer Diktion das eigene Besatzungsgebiet durchdrungen haben (Z. 18–23). Geben Sie zu dieser Aussage Beispiele aus dem Text von Stefan Heym und dem Text von G. Gaus.
Können Sie weitere Beispiele für den Einfluß des Englischen/Amerikanischen bzw. des Russischen auf die deutsche Sprache geben?

Aufgabe 20 Eine Aussage erläutern

Stefan Heym sagt, es sei ein Unterschied, ob ein Tscheche sein Land verläßt oder ob ein Deutscher von der DDR in die Bundesrepublik – oder umgekehrt – übersiedelt (Z. 30–35). Worin besteht dieser Unterschied?

Deutsche Biographien:
Von „Deutschland" nach „Deutschland" umziehen

12

Seit 1949, als beide deutsche Staaten gegründet wurden, sind – trotz des „Eisernen Vorhangs" (Grenze) und des Baus der Mauer in Berlin – Deutsche zwischen der Bundesrepublik und der Deutschen Demokratischen Republik hin und her gewandert: einige Hunderttausend von West nach Ost und über drei Millionen von Ost nach West.

Allein 1984 erhielten rund 40 000 Bürger der DDR in einer überraschenden Ausreisewelle die Genehmigung zur Übersiedelung in die Bundesrepublik. In den Jahren davor war die Zahl weitaus geringer gewesen.

In den Medien in der Bundesrepublik – in der Zeitung; im Hörfunk und im Fernsehen – wird immer wieder von den Erfahrungen von Leuten berichtet, die von „Deutschland" nach „Deutschland" umgezogen sind. In diesen Berichten werden Hoffnungen und Enttäuschungen der Betroffenen deutlich, aber auch Kritik an *beiden* Gesellschaftssystemen – am „kapitalistischen" in der Bundesrepublik Deutschland und am „sozialistischen" in der Deutschen Demokratischen Republik.

Fall 1: Rundfunkinterview
Brigitte SCHINKLER, Lehrerin, zur Zeit arbeitslos

In einem Interview, das vom Hessischen Rundfunk im April 1985 gesendet wurde, berichtet Brigitte Schinkler, die seit mehreren Jahren in der Bundesrepublik lebt,

– von ihren ersten Eindrücken, die sie als Kind beim Besuch ihrer Großeltern vom „Westen" erhielt;
– von ihren Erfahrungen in der DDR, aus denen der Wunsch entstand, in die Bundesrepublik umzusiedeln;
– von ihren Schwierigkeiten, sich in der neuen Umgebung zurechtzufinden;
– von ihrer emotionalen Verbundenheit mit der ‚alten Heimat';
– von der ablehnenden Reaktion der Menschen in der Bundesrepublik.

Aufgabe 21 Informationen im Hörtext sammeln und ordnen

Hören Sie das Interview abschnittweise und tragen Sie Stichwörter in die folgende Tabelle ein:

erste Eindrücke von der Bundesrepublik	negative Erfahrungen in der DDR	Probleme nach dem Wechsel	Reaktionen der Leute in der Bundesrepublik	Arbeitslosigkeit hier/Gefühl der Sicherheit dort

Aufgabe 22 Diskutieren

Welchen Eindruck haben Sie von Brigitte Schinkler (zufrieden – unzufrieden; glücklich – unglücklich; kritisch – unkritisch)?

13 Bleiben oder Zurückgehen?

Am 6. März 1985 erschien in der Zeitung NEUES DEUTSCHLAND – sie wird von der Sozialistischen Einheitspartei Deutschlands (SED) in Berlin (Ost) herausgegeben – folgende Schlagzeile:

NEUES DEUTSCHLAND

Proletarier aller Länder, vereinigt euch!

Mittwoch,
6. März 1985
40. Jahrgang / Nr. 55

B-Ausgabe
Einzelpreis 15 Pf

Redaktion und Verlag 1017 B
Franz-Mehring-Platz 1, Telefon:
(Sammelnummer). Abonnements
monatlich 3,50 Mark. ISSN 0323-

ORGAN DES ZENTRALKOMITEES DER SOZIALISTISCHEN EINHEITSPARTEI DEUTSCHLANDS

Über 20000 Ehemalige wollen zurück

In Schreiben an das Zentralkomitee der SED, an den Staatsrat, an den Ministerrat und an örtliche Organe der DDR äußern über 20 000 ehemalige DDR-Bürger ihren Wunsch nach Rückkehr in die DDR. Das Außenministerium der DDR ist beauftragt, die Anträge zu prüfen.

Wir sind von den Verhältnissen in der BRD enttäuscht / Ich möchte in die DDR zurück, weil ich mich in der BRD als Fremder in einer fremden Welt fühle / Ich bin enttäuscht über die soziale Unsicherheit in der BRD und arbeitslos / Ich hatte falsche Vorstellungen vom Leben in der BRD / Ich möchte mit meiner Freundin zurück, um in sozialer Geborgenheit zu leben / Ich komme mit den gesellschaftlichen Verhältnissen in der BRD nicht zurecht / Ich konnte in der BRD keinen Anschluß an andere Personen finden / Ich kann mich mit den realen Arbeits- und Lebensbedingungen in der BRD nicht abfinden / Wir sind seit längerer Zeit arbeitslos u möchten in unsere Heimat, die DDR, zurück / Wir möchten in die DDR z rück, weil wir für uns und unsere Kinder in der BRD keine Zukunftsa sichten sehen / Wir möchten zurück auf Grund der wachsenden Arbei losigkeit / Ich möchte mit meinen Kindern in eine vertraute Heimat z rück / Ich komme mit den kapitalistischen Verhältnissen nicht zurec und sehe nur im Sozialismus eine Chance / Wir wollen wieder in die DD weil wir selbst erfahren haben, welcher Staat der bessere ist

Die Regierung der Bundesrepublik widersprach dieser Meldung:

Bonn bezweifelt Ostberlins Zahlen

Ostberlin (dpa). Die Bundesrepublik in Bonn bezweifelt Ostberliner Angaben, wonach mehr als 20 000 frühere DDR-Bürger, die heute in der Bundesrepublik leben, enttäuscht über ihre Situation im Westen seien und deshalb wieder in die Heimat zurückkehren wollten.

Das Bundesministerium für innerdeutsche Beziehungen bezweifelte die DDR-Angaben. Nach statistischen Unterlagen wechselten jährlich etwa 1000 bis 1500 Deutsche von West nach Ost. In den vergangenen Monaten, so hieß es, seien der Bundesregierung nur vereinzelt Wünsche ehemaliger DDR-Bürger nach Rückkehr bekannt geworden.

Hessisch-Niedersächsische Allgemeine, 7. 3. 85

Aufgabe 23   Argumente sammeln und ordnen

Warum wollen Leute, die aus der DDR in die Bundesrepublik übergesiedelt sind, wieder zurückkehren?

Warum wollten die Leute ursprünglich aus der DDR in die Bundesrepublik umziehen?

Aufgabe 24   Argumente bewerten

Welche Argumente könnten Ihrer Meinung nach zutreffend sein, welche sind möglicherweise politische Propaganda?

Fall 2: Zeitungsbericht
Reinhard Oehme, Dreher, zur Zeit arbeitslos

Trotz „schöner Wohnung" Rückkehr in DDR angestrebt

Frankfurt. Der 44jährige gelernte Dreher Reinhard Oehme ist einer der mehr als 80 im SED-Zentralorgan „Neues Deutschland" angeführten früheren DDR-Bewohner, denen es nach der Aussiedlung in der Bundesrepublik schlecht ergangen ist und die jetzt wieder zurück in die Heimat wollen. Die Lage ist „trostlos", sagte Oehme gestern gegenüber dpa. Oehme hat in Vellmar (Kreis Kassel) zwar eine „schöne Wohnung", dafür aber „keine Zu-

kunftsperspektive" gefunden.

Am 3. April, so sagte er, jährt sich bei ihm der Tag seiner Übersiedlung in die Bundesrepublik. Gearbeitet habe er in dem ganzen Jahr lediglich drei Monate. Obwohl die Bezahlung nicht schlecht gewesen sei, habe er den Job „nervlich nicht durchgestanden". Jetzt lebe er von Arbeitslosenhilfe.

Oehme, der mit seiner 28jährigen Frau und einem Sohn übersiedelte, will wegen seiner perspektivlosen Lage wieder zu-

rück nach Dresden. Im Herbst vergangenen Jahres habe er bei der Ständigen DDR-Vertretung in Bonn diesen Wunsch vorgetragen, etwa acht Wochen später habe er telefonisch einen ablehnenden Bescheid erhalten.

Als verhängnisvoll bezeichnete es Oehme, daß viele Übersiedlungswillige nur unzureichend über die tatsächliche Situation in der Bundesrepublik informiert seien.

Hessische – Niedersächsische Allgemeine, 7. 3. 85

Aufgabe 25   Einen Text mit eigenen Worten zusammenfassen

Reinhard Oehme will wieder in die DDR zurück.

Verwenden Sie bei Ihrer Zusammenfassung die folgenden Stichwörter: – schwierige Situation – schöne Wohnung – keine Zukunftsperspektive – ein Jahr – drei Monate Arbeit – Streß – Arbeitslosenhilfe – Rückkehr – Antrag – Ablehnung – zu wenig Informationen über die Situation in der Bundesrepublik.

Reaktionen: Leserzuschriften zu dieser Zeitungsmeldung:

DDR-Bürger: Eine neue Existenz aufgebaut

Zu: „Von Arbeitslosigkeit getrieben" (8. März)

Im Gegensatz zu den Meinungen rückkehrwilliger DDR-Bürger möchten wir, drei Ehepaare aus Vellmar, unsere Erfahrungen kurz mitteilen.

Auch wir sind ehemalige DDR-Bürger und wohnen seit einem Jahr in der Bundesrepublik. Wir sind empört darüber, daß Rückkehrwillige ihre Situation für alle ehemaligen DDR-Aussiedler verallgemeinern! Über die Arbeitslosigkeit in der Bundesrepublik wußte jeder Bescheid, da darüber aus-

giebig in den DDR-Medien berichtet wurde. Wir haben die Erfahrung gemacht, daß man mit festem Willen, Flexibilität und vielen Kompromissen sowie nicht so hochgesteckten Erwartungen eine neue Existenz aufbauen kann.

Rückblickend möchten wir sagen, daß wir, wie 1 000 andere ehemalige DDR-Bürger auch, noch heute zu unserem Entschluß stehen!

Familien Möbus, Beyrich und Mauke

alle Vellmar

↑→
Hessische – Niedersächsische Allgemeine, 12. und 13. 3. 85

Sind Bürger aus der DDR andere Menschen?

„Von Arbeitslosigkeit getrieben" (8. 3.)

Man kann es doch nicht beurteilen, aus welchen Gründen Menschen aus der DDR in den Westen kommen, aus wirtschaftlichen oder persönlichen. Wie dem auch sei, es ist geschehen. Der Mann bekommt nach relativ kurzer Zeit eine Arbeit in seinem erlernten Beruf, die Familie eine Wohnung. Nach dreimonatiger Beschäftigung hört er wegen Belastung auf. Bekommt nach dieser kurzen Zeit 1 500 DM Arbeitslosengeld. Nichts gegen die Unterstützung. Ich bin nur empört darüber, weil mein Mann (58 Jahre), der nach einem ganzen Arbeitsleben plötzlich arbeitslos wurde und immer seine Beiträge geleistet hat, nur 900 DM bekommt. Da stimmt doch irgend etwas nicht! Oder sind Bürger aus dem anderen Teil Deutschlands andere Menschen?...

D. Puchert,
Dietrich-Bonhoeffer-Str. 12
Kassel

Aufgabe 26   Stellungnahmen vergleichen

– Die Familien Möbus, Beyrich und Mauke sagen, daß sie den Umzug nicht bereuen. Welche Argumente geben sie an?
– D. Puchert meint, Herr Oehme könne sich nicht beklagen, ihr Mann aber werde im Vergleich zu Herrn Oehme benachteiligt. Warum?

14 Leserzuschriften zum Thema „Gehen oder Bleiben?" In der Zeitung „Neues Deutschland" (DDR)

Einen Tag, nachdem in der „Hessisch-Niedersächsischen Allgemeinen" (Bundesrepublik) über Reinhard Oehme berichtet wurde, druckte „Neues Deutschland" (DDR) eine Fülle von Leserbriefen zum Thema „Rückkehr von Übersiedelten in die DDR" ab.
Wir geben die Zusammenfassung und einige der Briefe wieder:

Reaktionen auf die Veröffentlichung aus Briefen ehemaliger DDR-Bürger

Die Information, daß über 20 000 ehemalige DDR-Bürger Anträge auf Rückkehr gestellt haben, sowie die zitierten Begründungen sind von den Werktätigen der DDR mit Interesse, aber ohne Überraschung aufgenommen worden. In Gesprächen und Meinungsäußerungen wird übereinstimmend die Ansicht geäußert, es wäre doch für jeden vorauszusehen gewesen, daß die Illusionen dieser „Ehemaligen" über das Leben in der BRD im kapitalistischen Alltag wie Seifenblasen zerplatzen würden. Keiner von diesen Leuten könne aber sagen, es sei nicht ausführlich und eindringlich mit ihm darüber gesprochen worden. Jeder habe gewußt, daß er ein Leben in sozialer Geborgenheit und sicherer Perspektive aufgebe und einem Staat den Rücken kehre, dem der Frieden und das Lebensglück seiner Bürger oberstes Gebot ist.

Sehr oft wird hervorgehoben, daß für viele der ehemaligen DDR-Bürger offensichtlich die Hoffnung nicht aufgegangen ist, für ihren Verrat an der DDR in der BRD mit besonderen Privilegien belohnt zu werden. Jedoch sei der Sozialismus in der DDR keine Versicherungsanstalt für Glücksritter, die beim Kapitalismus ihren persönlichen Vorteil suchten und dabei gesetzmäßig scheitern mußten. Jeder wußte, daß seine Entscheidung endgültig sein werde und er keine Ansprüche an unseren Staat mehr zu stellen habe.

In den ersten Meinungsäußerungen wird es nahezu ausnahmslos abgelehnt, die Anträge auf Rückkehr zu befürworten.

Ich meine, daß es sich laut Veröffentlichungen um Leute handelt, die zum Zeitpunkt ihrer Ausreise schon lesen und schreiben konnten. Sie haben gewußt, was sie dort erwartet. Wir haben ihnen auch gesagt, eine Rückkehr gibt es dann nicht mehr. Ein altes deutsches Sprichwort heißt, Reisende soll man nicht aufhalten.

**Manfred Goetz, Meister,
VEB Rationalisierungsmittelbau
Berlin**

Wir haben erneut den Beweis für das, was wir vorher immer über die Perspektivlosigkeit der Menschen in der BRD gesagt haben. Aber die Ausgereisten wollten es nicht glauben und ließen sich blenden. Unsere Regierung sollte generell bei der Entscheidung bleiben, daß eine Rückkehr unmöglich ist.

**Renate Grandig,
VEB Backwarenkombinat Berlin**

Die Veröffentlichung über die vielen ehemaligen DDR-Bürger überrascht mich nicht. Was haben die sich eigentlich vom heutigen Kapitalismus versprochen? Ich bin nicht dafür, alle wieder zurückkommen zu lassen. Das würde andere vielleicht ermutigen, ihr „Glück" im Westen ohne Risiko auszuprobieren. Ausnahmen sollte man aber dort machen, wo Kinder und Jugendliche mitgenommen worden sind, die ja nicht selbst entscheiden konnten. Schließlich sind wir ein humanistischer Staat.

**Helga Schneider, Leipzig,
Wilhelm-Sammet-Str. 24 a**

Die DDR ist kein Wartesaal, in dem man kommen und gehen kann, wie es einem beliebt.

**Jutta Schaedler, Meisterin,
VEB Herrenbekleidung
„Fortschritt" Berlin**

Als ich hörte, daß 20 000 ausgereiste DDR-Bürger den Antrag stellten, wieder in die DDR zurückzukehren, war ich gar nicht überrascht. Die BRD kann ja nicht einmal ihrer eigenen Bevölkerung soziale Sicherheit und vor allem Arbeitsplätze gewährleisten. Die Ausreisenden wußten aber, in was für ein Land, in was für ein Gesellschaftssystem sie übersiedeln. Bei uns waren sie in sozialer Sicherheit und Geborgenheit. Ich bin der Meinung, daß diese Leute auch mit ihrer gewollten Zukunft zurecht kommen müssen. Sie haben ihr Vaterland verraten und es vor Presse und Fernsehen in der BRD schlecht gemacht. Was wollen sie dann wieder in unserem „unfreien" Land.

**Angelika Noack,
Lehrausbilder im VEB
Forster Web- und Strickwaren**

Neues Deutschland, 8. 3. 85

Aufgabe 27 Texte auswerten

Die Leute, die an „Neues Deutschland" geschrieben haben, sprechen sich gegen eine Rückkehr der ehemaligen DDR-Bürger aus. Welche Argumente werden angeführt?

Hilde Domin

Wer es könnte

Wer es könnte
die Welt
hochwerfen
daß der Wind
hindurchfährt.

Aufgabe 1 Ein Gedicht laut lesen und über die Betonung beim Lesen sprechen

– Lesen Sie das Gedicht mehrmals *laut*; probieren Sie dabei verschiedene Möglichkeiten der Betonung (Tonkurve, Tonstärke, Pausen, …) aus.
– Welche Betonung finden *Sie* am besten? Sprechen Sie in der Gruppe darüber und begründen Sie Ihre Meinung.

Aufgabe 2 Sich zum Inhalt eines Gedichtes äußern

– Schreiben Sie alles auf, was Ihnen spontan beim Lesen des Gedichtes einfällt.

– Vergleichen Sie in der Gruppe Ihre Aufzeichnungen.

Aufgabe 3 Ein Gedicht zu interpretieren versuchen

– Was fällt Ihnen bezüglich der Form (z. B. Wortwahl, Zeilengliederung, Klang, …) des Gedichtes auf?
– Probieren Sie eine andere Form aus, z. B.:

„Wer es könnte
die Welt hochwerfen
daß der Wind hindurchfährt"

– Vergleichen Sie diese Zeilen mit den Zeilen des Gedichtes: Es sind dieselben Worte, aber ist es noch dasselbe Gedicht? Begründen Sie Ihre Meinung.
– Was ist Ihrer Meinung nach der Inhalt des Gedichtes: Was beschreibt es? Was drückt es aus? …?
– Gefällt oder mißfällt Ihnen das Gedicht? (Ist es Ihrer Meinung nach überhaupt ein Gedicht?)

Aufgabe 4 Über das Lesen von Gedichten nachdenken und sprechen

– Was ist Ihrer Meinung nach beim Lesen eines Gedichtes wichtig?
   a) Herausfinden, was die Autorin/der Autor der Leserin/dem Leser sagen wollte
   b) Sich über eigene Gedanken und Gefühle klar werden
   c) Das Gedicht als Kunstwerk (wie z. B. auch ein Gemälde oder ein Konzert) „genießen"
   d)…

Das Gedicht wurde von einer zeitgenössischen Autorin geschrieben. Diese Autorin hat an anderer Stelle über das Wesen von Gedichten gesagt, das Gedicht sei *ein gefrorener Augenblick, den jeder Leser wieder ins Fließen, in sein Hier und Jetzt bringt.*

– Wie verstehen Sie diese Aussage? Was bedeutet diese Aussage für das Lesen von (modernen) Gedichten?

Atlas trägt die Erde

Erfahrungen beim Lesen eines Gedichtes

2

Ausländische und deutsche Studentinnen der Universität Bielefeld haben sich in einem Gespräch mit dem Gedicht *Wer es könnte* von Hilde Domin beschäftigt. Das Gespräch hat etwa eine Stunde lang gedauert.
Nach dem Gespräch haben einige Studentinnen auch noch etwas über das Gedicht und ihre Erfahrungen beim Lesen des Gedichtes aufgeschrieben.

Text 1

Als ich das Gedicht zum erstem Male las, konnte ich nichts verstehen. Ich hatte nur ein Image, daß Atlas den Globus auf seine Schultern trägt. Wer kann die Welt hochwerfen? Das ist selbstverständlich unmöglich. Aber ich denke, die Autorin wollte etwas Unmöglich möglich machen. Sie hoffte auf etwas Neu in unserer Welt, Gesellschaft. Unser alltägliches Leben ist sehr statisch. Unser normales Verhalten ist fixiert. Eineseits bedeutet es Sicherheit oder Konsistenz. Andererseits bedeutet es Langweile. Man kann solche Welt nicht so einfach verändern. Aber die Autorin möchte sie verändern. Sie weiß nicht, was nachdem passiert. Ob der Wind der Erfüllung hindurchfährt oder ob der Wind der Entäuschung hindurchfährt ···, sie hat beide die Hoffnung und Angst.
Die Wörter „hochwerfen" und „hindurchfährt" zeigen die Bewegungen. Besonders gefällt das Wort „hochwerfen" mir sehr. Ich stelle mir eine Hoffnung oder etwas springt hoch vor. Mit dem Wort „hindurchfährt" fühle ich mich dinamisch, trozdem finde ich ein Gefühl der Angst. „hindurch" bedeutet, daß etwas vorbei oder nicht mehr zurückkommt. Man kann nicht wiederholen. Wenn es ihm nicht gelungen ist, darf man nicht wiedermals herausfordern. Deswegen habe ich ein Angstgefühl.

Obwohl das Gedicht sehr kurz ist, enthält es vielfältige Deutungen. Ich möchte das Gedicht als eine Hoffnung interpretieren.

Setsuko Schwarzer, Japan

Text 2

Als ich die Lyrik „Wer es könnte" erstmals gelesen habe, dachte ich daran, was das „es" zeigt und was „hindurchfährt" bedeutet. Ich konnte nicht gut verstehen, warum hier „daß" gebraucht wird.

Nachdem alle Fragen beantwortet geworden waren, wurde ich an inhaltliche Bedeutung denken. Von dem Satz „Wer es könnte" war ich beeindruckt. Es ist ein großer Wunsch, aber es gibt keinen, der es kann. Das ist traurig, und ich habe auch gedacht, wenn ich es könnte. Der Wind bedeutet für mich etwas Neues, Frisches, Freiheit und besonders die Gerechtigkeit, auf die alle Menschen hoffen.

Ich kann an die Bedeutung denken, aber es ist nicht leicht, das Gefühl von Wort und Satz zu haben. Ich habe ein paar weitere Sätze bedacht.

.... daß das Gras hoch wächst.

daß man so viel, wie er will, atmet

daß im allem Gesicht das Lachen steht.

Erstemals hat diese Lyrik mir nicht so gefallen, weil der Ausdruck zu leicht und normal ist. Ich denke immer, daß ein Gedicht einen besonderen Ausdruck und schöne Wörter haben soll. Aber jetzt (Nach dem Versuch, weitere Sätze zu bilden) finde ich sie sehr gut, denn im kurzem Satz hat sie viele Bedeutung, und jetzt meine ich, die Wörter sind leicht und noch deutlich (geeignet), die Meinung der Autorin zu verstehen

Lee, Hae Ran, Südkorea

Aufgabe 5 **Äußerungen zum Lesen eines Gedichtes vergleichen**

- Vergleichen Sie die beiden Texte der ausländischen Studentinnen (Gemeinsamkeiten? Unterschiede?)
- Vergleichen Sie die Äußerungen der beiden Studentinnen mit Ihren eigenen Eindrücken, Assoziationen und Gefühlen beim Lesen und Besprechen des Gedichtes von Hilde Domin.
- Versuchen Sie, selbst einen ähnlichen Text zu schreiben.
(Tauschen Sie Ihre Texte untereinander aus).

Gedichte vergleichen

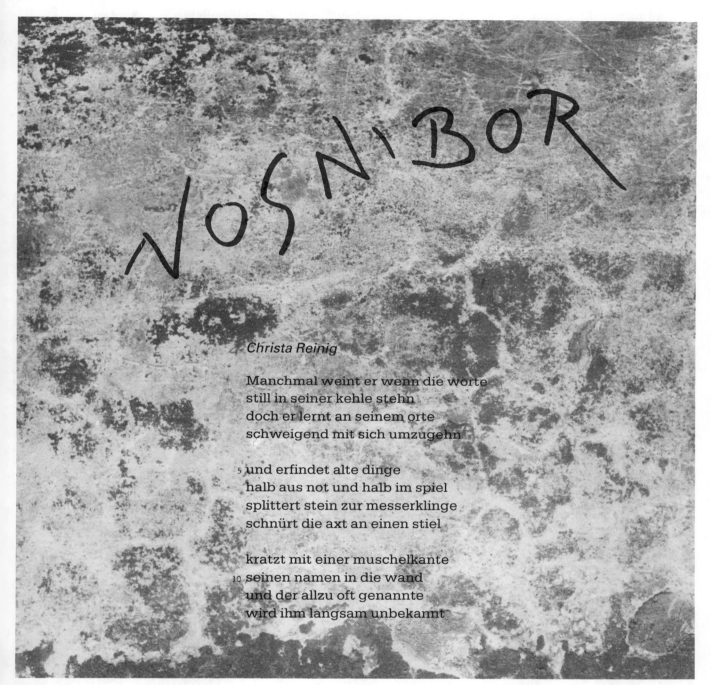

Christa Reinig

Manchmal weint er wenn die worte
still in seiner kehle stehn
doch er lernt an seinem orte
schweigend mit sich umzugehn

5 und erfindet alte dinge
halb aus not und halb im spiel
splittert stein zur messerklinge
schnürt die axt an einen stiel

kratzt mit einer muschelkante
10 seinen namen in die wand
und der allzu oft genannte
wird ihm langsam unbekannt

Aufgabe 6 Ein Gedicht lesen und sich dazu äußern

— Lesen Sie das Gedicht mehrmals laut.
— Schreiben Sie alles auf, was Ihnen beim Lesen des Gedichtes einfällt (Ideen, Fragen, ...) und auffällt (Wortwahl, Versgliederung, Klang, ...).
— Klären Sie unbekannte Begriffe, Bilder, Metaphern.

— Was tut „er"? Welche Tätigkeiten werden genannt?
— Wer könnte mit „er" gemeint sein?
— Suchen Sie eine Überschrift für das Gedicht. Vergleichen und diskutieren Sie Ihre Vorschläge in der Gruppe.

Aufgabe 7 Zusatzinformationen zu einem Text sammeln

– Die Überschrift, die Christa Reinig dem Gedicht gegeben hat, lautet *Robinson*.
  Sammeln Sie alles, was Sie über diese (literarische) Person wissen.
– Sie kennen jetzt die Überschrift.
  Verstehen Sie Teile des Gedichtes jetzt anders als vorher?

Aufgabe 8 Zwei Gedichte vergleichen

Vergleichen Sie das Gedicht von Christa Reinig mit dem folgenden Gedicht von Karl Krolow.
Beschreiben Sie Gemeinsamkeiten und Unterschiede.

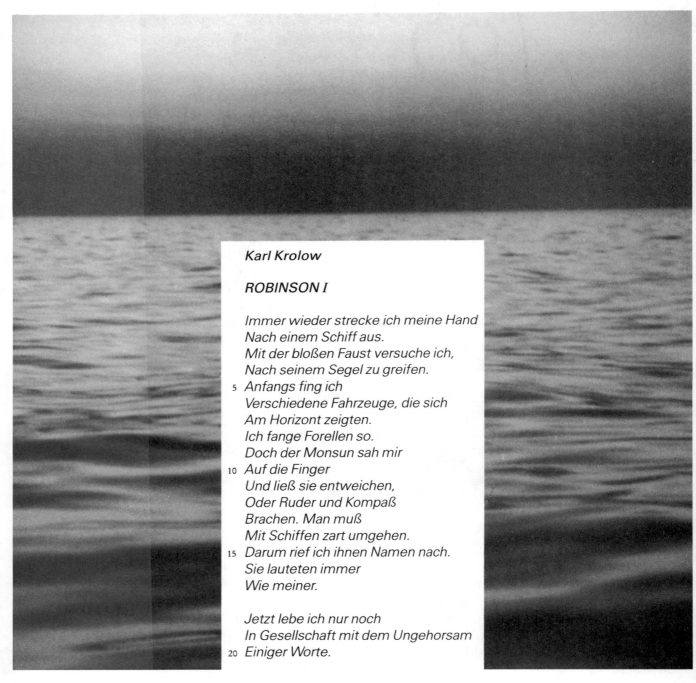

Karl Krolow

ROBINSON I

Immer wieder strecke ich meine Hand
Nach einem Schiff aus.
Mit der bloßen Faust versuche ich,
Nach seinem Segel zu greifen.
5 *Anfangs fing ich*
Verschiedene Fahrzeuge, die sich
Am Horizont zeigten.
Ich fange Forellen so.
Doch der Monsun sah mir
10 *Auf die Finger*
Und ließ sie entweichen,
Oder Ruder und Kompaß
Brachen. Man muß
Mit Schiffen zart umgehen.
15 *Darum rief ich ihnen Namen nach.*
Sie lauteten immer
Wie meiner.

Jetzt lebe ich nur noch
In Gesellschaft mit dem Ungehorsam
20 *Einiger Worte.*

Aufgabe 9 **Ein Gedicht interpretieren**

Versuchen Sie, eine kurze Interpretation des Gedichtes „Robinson I" von Karl Krolow zu schreiben.
Dabei können Sie etwas zu folgenden Fragen schreiben:
1. Was ist das „Thema" des Gedichtes? Was wird dargestellt?
2. Wie läßt sich die Überschrift des Gedichtes „Robinson I" erklären?
3. Wie kann man den letzten Satz des Gedichtes interpretieren?
4. Mit welchen sprachlichen Mitteln (Gliederung, Wortwahl, Bilder und Vergleiche, Klang, ...) wird dargestellt?

Gedichtinterpretationen vergleichen 4

Sowohl Christa Reinig als auch Karl Krolow haben sich selbst zu ihrem Gedicht „Robinson" bzw. „Robinson I" geäußert:

Christa Reinig

ROBINSON

Robinson ist ein Gedicht von mir. Wenn ich es ansehe, denke ich: Die Wörter, so wie sie da stehen, sind mir vertraut, aber den Menschen, der diese Wörter gesetzt hat, kenne ich nicht. Es gibt ihn nicht mehr. Ich kann mit dem Gedicht nichts anfangen. Ich bin jahrelang damit hausieren gegangen. Endlich hatte ich es geschafft. Es gab einen Gedichtband. Ich war sehr stolz darauf, auf den Umschlag, auf die Schrifttypen, auf meinen Namen. Ich schlug den Band nicht auf. Wenn ich gewollt hätte, hätte ich den Inhalt auswendig hersagen können. Aber dieser Inhalt ging mich gar nichts mehr an. Ich kann nun nichts anderes tun als mich erinnern, was war das für ein Mensch, mein Vorfahr, der damals „Ich" hieß. Mir fällt ein, ich nannte mich gar nicht ich. Ich rief mich bei meinem Namen: Christa Reinig. Was machst du jetzt, Christa Reinig, was willst du, Christa Reinig, wer ist Christa Reinig. Vielleicht wußte ich am Ende dann wirklich nicht mehr, wer Christa Reinig war.
(...)
Nun das Lokalkolorit: Einmal war ich in ein Gefängnis eingedrungen. Alle Türen standen weit offen. Es war leer, die Zellen bis unter die Decke mit Namen bekritzelt. Damals hielt ich mich nicht damit auf. Denn dies Gefängnis hatte einen Fehler, es gab kein Holz darin. So zog ich davon mit Beil und Sack, woanders Holz zu schlagen. Nun erinnerte ich mich, Korridore, Türen, Klos, Fensterluken. Ich konnte alle Einzelheiten zusammenkriegen, die insgesamt das Gefängnis ausmachten. Aber ich konnte mich nicht hineinversetzen. Wie lebt man da? Ich wußte es nicht.

Ohne rechts und links zu blicken trieb ich inmitten einer Menschenmenge über den Alexanderplatz. Ich landete mit der Nase dicht vor einem Bauzaun. Daran hing ein Theaterplakat, halb zerrissen und längst verfallen. „Robinson soll nicht sterben". Ich las den Text und dachte: Robinson? Das bin ich. Zu Hause angekommen, schrieb ich das Gedicht auf.

Karl Krolow

ROBINSON I

Indem ich das Gedicht *Robinson* betrachte – ich habe
es vor sieben Jahren geschrieben –, wird mir als erstes
klar, daß ich in eine solche Betrachtung andere
Gedichte einbeziehen müßte, ältere und neuere
5 Gedichte, vor zehn Jahren fixiert und dann nicht *Robinson* geheißen, sondern nur *Jemand* oder auch *Er* und
schließlich rückhaltlos *Einsamkeit*. Denn *sie* ist in den
genannten Arbeiten anwesend. Sie ist das, was die
Texte in Bewegung setzte und in der Bewegung beließ.
10 Was sie nicht enden ließ und über das jeweilige
Gedicht hinausführte. Was *mich* dann erneut dazu
brachte – unter einem Namen oder einem versteckte-
ren, unauffälligeren Stichwort –, das unruhig
machende Thema, den schrecklichen Stoff wieder auf-
15 zugreifen, den gestaltlosen Stoff, der in *Robinson*
Gestalt wurde, Person – eine ebenso anonyme, erdenk-
liche wie literarische Person. Jemand, den jedermann
kennt oder zu kennen meint. Aber den es doch genauso
als Anonymus, als Nachbarn oder als Zeitgenossen
20 gibt, als jemand – freilich in einer ganz bestimmten
Situation gesehen, einer bestimmten Lage ausgesetzt –
in des Wortes genauer Bedeutung. Robinson ist ein
Ausgesetzter.
Aber wem oder was ausgesetzt? Zeitgenossen oder
25 sich selber? Einer unbewohnten Insel? Den Folgen seines Schiffbruchs? Der Verlassenheit ohne Menschen?
Oder – inmitten von Menschen – der eigenen Kontakt-
schwäche, seiner Neigung, seinem Zwang zur Isolation,
seinem Eigensinn, seinem Egoismus, allen folgenrei-
30 chen Unfähigkeiten des eigenen Wesens? – Wahrscheinlich wählte ich jenen sagenhaften literarischen
Seemann, einen Moment seiner literarischen, nicht
natürlichen Biographie, um mich einen Augenblick lang
– innerhalb eines namenlosen Prozesses – an einen
35 Namen halten zu können, an ein Dasein, das es zugleich
gegeben und nicht gegeben hatte.
(...)
Robinson ist hier der Deckname von jemandem, der
verschiedenes hinter sich hat, verschiedenes vor sich
hatte, der Glühbirnen im Munde trug und Licht aus dem
40 Fenster schüttete, der seine Vergangenheit verschenkte
wie seine Hand, um nicht allein zu sein. Der – so oder
so – auf sich aufmerksam machte, der in ein paar Sätzen sagen wollte, daß es ihn gab.
(...)

Robinson wurde – unter solchen Voraussetzungen und
in einer solchen Gesellschaft von Vorgängern und
Nachfolgern – das personifizierte Verlangen nach Kontakt und zugleich die Widerlegung einer derartigen
Anstrengung: das Zurückfallen auf sich selbst, das Aus-
geliefertsein dem eigenen Wesen. – So verstanden,
gleicht der Verlauf des Gedichtes einer vergeblichen
Geste, der vergeblichen Anstrengung, von sich los zu
kommen. Die Anstrengung freilich ist in einfache, unan-
gestrengte Worte gekleidet, in unauffällige Worte, die
Gewohnheiten wiedergeben, die Erfahrungen mitteilen.
(...)
Aber wenn ich von Hilflosigkeit und Resignation
sprach, hatte ich nicht nur das Schwächende solchen
Zustandes, sondern auch das Aktivierende dieser Lage
im Sinne. Wenn man seine Sache auf wenig gestellt
sieht, ist man von *einer* Last wenigstens frei: der Last
der Erwartungen. Das eigentümliche, vielleicht ver-
zweifelte Freiheitsgefühl, das nun aufkommt, erfüllt
auch das *Robinson*-Gedicht. Es „garantiert" es sogar.
Denn mit seiner Hilfe ist das Weitersprechen möglich,
werden die getroffenen Feststellungen, die mitgeteilten
Erfahrungen erst mitteilbar und in der Mitteilung glaub-
würdig.
So geht hier verschiedenes miteinander um, geht ineinander über, oder ist doch aufeinander angewiesen:
Kontakt-Verlangen, vergeblicher Versuch der Kontakt-
Herstellung, der Rückfall auf sich selbst, auf die eigenen
Handlungen, die Anstrengungen des Vorgangs, und als
„Resultat" schließlich Einsicht, Sich-Bescheiden in
einem Bescheidwissen, das Freiheit gewährt, Freiheit
von Folgerungen und Folgen, von zu erwartenden Er-
eignissen.
(...)

Aufgabe 10   Texte erarbeiten

– Lesen Sie die Selbstinterpretation von Christa
  Reinig und Karl Krolow. Suchen Sie dabei
  Schlüsselwörter heraus und unterstreichen Sie
  diese.
– Gliedern Sie den Text von Karl Krolow in Sinn-
  abschnitte und finden Sie eine Überschrift zu
  jedem dieser Abschnitte.

– *oder:*
Machen Sie ein Verlaufsschema des Textes:

Aufgabe 11 Die eigene Gedichtinterpretation mit der Selbstinterpretation des Autors vergleichen

– Vergleichen Sie die Selbstinterpretationen der beiden Autoren mit *Ihren* Interpretationen der beiden Gedichte.
– Diskutieren Sie:
  Sind diese Selbstinterpretationen der Autoren für das Lesen der Gedichte hilfreich / notwendig / überflüssig?

Über das Interpretieren von Gedichten

5

Hilde Domin hat 1969 ein Buch mit dem Titel *Doppelinterpretationen. Das zeitgenössische Gedicht zwischen Autor und Leser* herausgegeben.
In der Einleitung zu diesem Buch, das eine Reihe moderner Gedichte mit einer Selbstinterpretation des jeweiligen Autors bzw. der Autorin und einer Fremdinterpretation enthält, hat sich Hilde Domin ausführlich über das Interpretieren von Gedichten geäußert.
Der folgende Text ist ein kurzer Ausschnitt aus dieser Einleitung.

Hilde Domin

Über das Interpretieren von Gedichten

...
Der Leser gehört mit zum Text, den er versteht.[1] Deswegen geben die hier gesammelten Interpretationen die Gedichte wieder, wie sie im Jahre 1965 von diesen bestimmten Lesern gelesen wurden. Schon in wenigen Jahren könnten diese gleichen Gedichte von den gleichen Lesern ein wenig anders gelesen werden. Auch die Auwahl würde anders ausfallen. Schon heute können von andern oder in anderen Ländern diese gleichen Gedichte etwas anders verstanden werden. Ein Gedicht ist mehr als die Summe seiner Interpretationen. Um den formulierten „Erfahrungskern" können „multiforme Einzelfälle" anschließen, je nach der sich verändernden Wirklichkeit, innerhalb deren die Gedichte aufgenommen werden.
Darüber hinaus ist jede Interpretation nichts anderes als eine Annäherung. Die Interpretation führt hin an das Gedicht, sie lehrt zunächst einmal genau lesen. Ganz wie der Betrachter eines Bildes zunächst einmal sehen lernen muß, was „da" ist. Es ist keineswegs selbstverständlich, daß ein jeder das kann oder tut. Sehen lernen, hören lernen, lesen lernen, „was da ist", ist die erste Übung. Abgesehen davon, daß die Interpretation den Leser lesen lehrt, was da steht, macht sie ihn hellhörig für das, was im Gesagten mitschwingt, was also nicht – oder so nicht – *da* steht, sondern mitangeschlagen ist. Und sie macht darauf aufmerksam, wie das Gedicht es erreicht, daß das eine gesagt, aber etwas anderes oder mehr gemeint ist. Interpretation führt den Leser bis hin an das Gedicht, sie zeigt ihm, wie er lesen könnte. Dann läßt sie ihn los. Im besten der Fälle steht der Leser nun ein wenig weniger hilflos vor dem Gedicht. Lesen kann er nur für sich allein. Es ist ein *Hic Rhodos*, Springen kann man vormachen. Springen muß jeder selbst. Das Lesen des Gedichts, ganz wie das Schreiben – wenn auch um Intensitätsgrade verschieden –, ist ein sowohl gedanklicher wie emotioneller Vorgang.
(...)

[1] Hans-Georg Gadamer, *Wahrheit und Methode,* S. 323. – Die „mangelnde Extraterritorialität" untersucht umgekehrt Roland Barthes im Hinblick auf das kritische Urteil. („Was ist Kritik", aus: *Essais critiques,* 1964.)

Über die Methode der Gegenüberstellung verschiedener Interpretationen.
Die Unausschöpfbarkeit des lyrischen Texts
(...)

40 Gedichte können auf sehr verschiedene Weisen interpretiert werden, wobei es erstaunlich ist, daß prinzipiell mehr oder anderes „herausgeholt" werden kann, als hineingetan worden ist, weil die Sprache mehr mitführt, als der Autor selber weiß. „Die Metapher ist weit klüger als
45 ihr Verfasser." (Dies Lichtenberg-Zitat verdanke ich Arnfrid Astel, der in diesem Bande – was er keineswegs voraussehen konnte, als er dies sagte – fast zu seinem Schrecken dafür dann einen schlüssigen Beweis geliefert hat.) Im ganzen aber gilt natürlich hier wie überall der Satz, daß je mehr hineingetan worden ist – und Gedichte 50 sind ihrer Natur nach Konzentrate, Essenzen[1] – um so mehr auch darin sein wird. Wobei die Sprache doch immer noch das Ihre hinzutut, als stünde sie neben dem Dichter, und je mehr er täte, je mehr täte auch sie.
(...)

[1] „Dichtes" wäre eine Fehletymologie, es kommt vielmehr von *dihtōn,* verfassen, das seinerseits hergeleitet ist von *dictare* (mittelalterlich: verfassen), letztlich von *dictare, dicere.*

Aufgabe 12 Einen literaturtheoretischen Text verstehen und sich dazu äußern

– Lesen Sie den Text und klären Sie alle unbekannten Wörter und Wendungen.
– Sammeln Sie Informationen aus dem Text zu den folgenden Stichpunkten:
  ● Text und Leser (die Rolle des Lesers)
  ● Möglichkeiten und Grenzen von Interpretationen
  ● Die „Unausschöpfbarkeit des lyrischen Textes".
– Diskutieren Sie anhand der folgenden Fragen:
  ● Wie „frei" ist der Leser beim Verstehen und Interpretieren von (modernen) Gedichten?
  ● Ist grundsätzlich jede Interpretation des Lesers „richtig"?
  ● Ist es sinnvoll, bei (modernen) Gedichten nach der „Autorintention" zu fragen (danach also, was der Autor „sagen" wollte)?
  ● Gelten die Ausführungen von Hilde Domin über das Interpretieren von Gedichten auch für ältere Gedichte?

Aufgabe 13 Einen lyrischen Text mit einem literaturtheoretischen Text in Verbindung bringen

Interpretieren Sie den folgenden lyrischen Text von Hilde Domin; beachten Sie dabei die Äußerungen von Hilde Domin über Lyrik und Lyrikinterpretation, die Sie gerade gelesen haben.

LYRIK

das Nichtwort

ausgespannt
zwischen

Wort und Wort.

Hilde Domin

Aufgabe 14 Ein Gedicht präsentieren und erläutern

– Wählen Sie ein Gedicht (in Ihrer Muttersprache) aus, das Ihnen besonders gut gefällt.
– Lesen Sie das Gedicht im Kurs laut vor.
– Erläutern Sie, warum Ihnen das Gedicht besonders gut gefällt.

HILDE DOMIN

Hilde Domin, geboren am 27. 7. 1912 in Köln als Tochter eines Rechtsanwalts. 1929 Abitur. Studium: zunächst Jura, dann nationalökonomische Theorie, Soziologie und Philosophie. (Wichtigste Lehrer: Karl Jaspers, Karl Mannheim). 1932 mit Erwin Walter Palm, Student der klassischen Archäologie, nach Rom. 1933: Italien wird zum Exil. 1935: Abschluß des Studiums mit einer Dissertation über „Pontanus als Vorläufer von Macchiavelli". 1936 Heirat. 1939–1940 Aufenthalt in England, 1940–1954 in der Dominikanischen Republik. Dazwischen längere Aufenthalte in den USA (insgesamt ca. 2 Jahre). Nach der Promotion Broterwerb durch Sprachunterricht. In England Lehrerin an einem College. Ab 1948 Dozentin für Deutsch an der Universität Santo Domingo. Mitarbeiterin Palms bis zu dessen Berufung an die Universität Heidelberg. Übersetzungen in und aus 4 Sprachen (Italienisch, Englisch, Französisch, Spanisch). Arbeit als Architekturphotographin. 1951 erste Gedichte. Beginn eines neuen Lebensabschnitts, von der Autorin als „zweite Geburt" bezeichnet. 1954 Rückkehr nach Deutschland. Arbeitsaufenthalte mit Palm 1955–1957 und 1959–1961 in Spanien. 1957–1959 in Frankfurt. Aufnahme von literarischen Kontakten und Publikationen von Gedichten in Zeitschriften. (Vorher Veröffentlichungen in „Caracola", Malaga, einer Vincente Aleixandre nahestehenden Zeitschrift.) 1959 Publikationen des ersten Lyrikbandes („Nur eine Rose als Stütze"). 1960 Berufung Palms an die Universität Heidelberg, die alte Universitätsstadt beider, die damit zum festen Wohnsitz wird. Neben der literarischen Arbeit regelmäßige Lese- und Vortragsreisen im In-und Ausland. Mitglied des PEN (seit 1964), der Deutschen Akademie für Sprache und Dichtung (seit 1978).
Preise: Ida-Dehmel-Preis (1968); Droste-Preis der Stadt Meersburg (1971); Heine-Plakette der Heinrich-Heine-Gesellschaft, Düsseldorf (1972); Literaturpreis der Stadt Bad Gandersheim (Roswitha-Plakette) (1974); Rainer-Maria-Rilke-Preis für Lyrik (1976); Richard-Benz-Medaille der Stadt Heidelberg (1982).
Werkverzeichnis:
Nur eine Rose als Stütze. Gedichte. Frankfurt/M. 1959; Rückkehr der Schiffe. Fankfurt/M. 1962; Hier. Gedichte. Frankfurt/M. 1964; Doppelinterpretationen. Das zeitgenössische Gedicht zwischen Autor und Leser. Hg. und eingeleitet von Hilde Domin. Frankfurt/M., Bonn 1966; Das zweite Paradies. Roman in Segmenten. München 1968; Wozu Lyrik heute. Dichtung und Leser in der gesteuerten Gesellschaft. München 1968; Ich will dich. München 1970; Nachkrieg und Unfrieden. Gedichte als Index 1945–1970. Hg. und mit einem Nachwort von Hilde Domin. Neuwied, Berlin 1970; Die andalusische Katze. Mit Linolschnitten von Axel Hertenstein. Stierstadt im Taunus 1971; Von der Natur nicht vorgesehen. Autobiographisches. München 1974; Abel steh auf. Gedichte, Prosa, Theorie. Stuttgart 1979; Traum I. Mit Originalgraphiken von Sascha Juritz. Dreieich 1981; Aber die Hoffnung. Autobiographisches. Aus und über Deutschland. München 1982.

KARL KROLOW

Karl Krolow, geboren am 11. 3. 1915 in Hannover und dort aufgewachsen. 1935–1942 Studium (Germanistik, Romanistik, Kunstgeschichte, Philosophie) in Göttingen, Breslau und wieder Göttingen. Seit 1940 Veröffentlichungen einzelner Gedichte in Zeitungen und Zeitschriften, seit 1942 freier Schriftsteller. Neben Lyrik, Übersetzungen und Prosa auch zahlreiche literaturkritische Veröffentlichungen in Zeitungen, Zeitschriften und Rundfunk. 1951 Umzug von Göttingen nach Hannover. Seit 1956 wohnt Krolow in Darmstadt. Durch seine Tätigkeit in der Deutschen Akademie für Sprache und Dichtung (1966 Vizepräsident, 1975 Vizepräsident), die Gastdozentur für Poetik in Frankfurt (Wintersemester 1960/61) und München (1964) sowie zahlreiche bedeutende Auszeichnungen ist Karl Krolow einer breiteren Öffentlichkeit bekannt geworden. Karl Krolow ist seit 1951 Mitglied des PEN-Zentrums der Bundesrepublik Deutschland und gehört der Deutschen Akademie für Sprache und Dichtung, Darmstadt (seit 1953), der Akademie der Wissenschaften und der Literatur, Mainz (seit 1960) und der Bayerischen Akademie der Schönen Künste, München (seit 1962) an.
Preise: Georg-Büchner-Preis (1956); Förderungspreis des Kulturkreises im Bundesverband der Deutschen Industrie (1956); Unesco-Stipendium für Paris (1958); Großer Niedersächsischer Kunstpreis (1965); Goethe-Plakette des Landes Hessen (1975); Silberne Verdienstplakette der Stadt Darmstadt (1975); Großes Bundesverdienstkreuz (1975); Rainer-Maria-Rilke-Preis für Lyrik (1975); Stadtschreiber von Bergen-Enkheim (1975/76); Dr. phil. h. c. Technische Hochschule Darmstadt (1976); Hessischer Kulturpreis (1983).
Werkverzeichnis:
Hochgelobtes gutes Leben. Hamburg 1943; Gedichte. Konstanz 1948; Heimsuchung. Berlin 1948; Auf Erden. Hamburg 1949; Die Zeichen der Welt. Stuttgart 1952; Wind und Zeit. Stuttgart 1954; Tage und Nächte. Düsseldorf 1956. Fremde Körper. Neue Gedichte. 1959; Unsichtbare Hände. Gedichte 1959–1962. 1962; Ausgewählte Gedichte. Nachwort von Hugo Friedrich. 1963; Schattengefecht. 1964; Gesammelte Gedichte 1. 1965; Landschaften für mich. Neue Gedichte. 1966; Poetisches Tagebuch. 1966; Alltägliche Gedichte. 1968; Minutenaufzeichnungen. Prosa. 1968; Nichts weiter als Leben. Gedichte aus den Jahren 1968–1970. 1970; Zeitvergehen. Gedichte. 1972; Ein Gedicht entsteht. Selbstdeutungen, Interpretationen, Aufsätze. 1973; Gesammelte Gedichte 2. 1975; Der Einfachheit halber. Gedichte. 1977; Das andere Leben. Eine Erzählung. 1979; Gedichte. Auswahl und Nachwort von Gabriele Wohmann. 1980; Herbstsonett mit Hegel. Gedichte, Lieder etc. 1981; Im Gehen. 1981; Zwischen Null und Unendlich. Gedichte. 1984; Nacht-Leben oder Geschonte Kindheit. 1985; Gesammelte Gedichte 3. 1985.

CHRISTA REINIG

Christa Reinig, 1926 in Berlin geboren, besuchte dort die Schule und begann eine Blumenbinderlehre, arbeitete später als Bürogehilfin und als Arbeiterin in Fabriken und auf dem Bau. Von 1953 bis 1957 studierte sie an der Humboldt-Universität Kunstgeschichte und Christliche Archäologie. Bis 1963 war sie wissenschaftliche Assistentin am Märkischen Museum in Berlin (Ost). Sie lebt seit 1964 in München, ist Mitglied des PEN, des Münchner Tukankreises und der Bayerischen Akademie der Schönen Künste.
Preise: 1964 Bremer Literaturpreis; 1965/66 Stipendium der Villa Massimo, Rom; 1968 Hörspielpreis der Kriegsblinden; 1969 Tukanpreis der Stadt München; 1976 Kritikerpreis für Literatur, Bundesverdienstkreuz am Band.
Werkverzeichnis:
Die Steine von Finisterre, Gedichte. Stierstadt 1960. Erweiterte Neuauflage Düsseldorf 1974; Der Traum meiner Verkommenheit. Erzählung. Berlin 1961; Gedichte. Frankfurt 1963; Drei Schiffe. Prosa. Frankfurt 1965; Das Aquarium. Hörspiel. Stuttgart 1969; Schwabinger Marterln. Stierstadt 1969; Orion trat aus dem Haus. Erzählungen. Stierstadt 1969; Schwalbe von Olevano. Gedichte. Stierstadt 1969; Schwalbe von Olevano. Gedichte. Stierstadt 1969; Das große Bechterew-Tantra. Prosa. Stierstadt 1970; Papantscha-Vielerlei. Gedichte. Stierstadt 1971; Die Ballade vom blutigen Bomme. Illustrierte Ausgabe mit Holzlade vom blutigen Bomme. Illustrierte Ausgabe mit Holz- und Linolschnitten von Christoph Meckel. Düsseldorf 1972; Hantipanti. Kinderbuch. Weinheim 1972; Die himmlische und die irdische Geometrie. Roman. Düsseldorf 1975; Entmannung. Roman. Düsseldorf 1976; Der Hund mit dem Schlüssel. Erzählung. Düsseldorf 1976; Poèmes. Paris 1976; Drei Schiffe. Erzählung. Illustrierte Ausgabe. Düsseldorf 1978; Mein Herz ist eine gelbe Blume. Christa Reinig im Gespräch mit Ekkehart Rudolph. Düsseldorf 1978; Müßiggang ist aller Liebe Anfang. Gedichte. Düsseldorf 1979; Der Wolf und die Witwen. Erzählungen und Essays. Düsseldorf 1980; Mädchen ohne Uniform. Düsseldorf 1981; Die ewige Schule. Erzählungen. München 1982.

1 Leer-Texte

Deutsch für Ausländer

In unserer 8. Lektion für die Mittelstufe behandeln wir zunächst den Unterschied zwischen dem unbestimmten Artikel und dem Possessiv-Pronomen, wobei wir gleichzeitig das Konjugieren im Präsens üben.

(Ein Herr und eine Dame liegen unbekleidet im Ehebett)

ER Wie heißen Sie?
SIE Ich heiße Heidelore.
ER Heidelore ist ein Vorname.
SIE Ja, Schmoller ist mein Nachname. Mein Mann heißt Viktor.
ER Ich heiße Herbert.

Die Endungen der starken und schwachen Verben sind im Präsens gleich. Beachten Sie die Verwendung der Hilfsverben ‚sein' und ‚haben' und den richtigen Gebrauch der Zahlwörter.

SIE Wir besitzen ein Kraftfahrzeug. Mein Mann fährt mit der Bahn ins Büro.
ER Ich bin 37 Jahre alt und wiege 81 Kilo.
SIE Viktor ist fünf Jahre älter und ein Kilo schwerer. Sein Zug fährt morgens um 7 Uhr 36.
ER Mein Onkel wiegt 79 Kilo. Sein Zug fährt um 6 Uhr 45.
SIE Mein Mann ist fest angestellt. Er arbeitet bis 17 Uhr 30.
ER Ich habe drei Cousinen. Sie wiegen zusammen 234 Kilo.

…und nun bilden wir den Konjunktiv durch Umlaut aus dem Imperfekt des Indikativs und üben das bisher Gelernte.

SIE Wenn Viktor eine Monatskarte hätte, käme er um 18 Uhr 45.
ER Würde ich vier Cousinen haben, wögen sie 312 Kilo.

(Der Ehemann betritt das Schlafzimmer)

VIKTOR Ich heiße Viktor. Ich wiege 82 Kilo.
ER Ich heiße Herbert. Mein Zug fährt um 19 Uhr 26.
SIE Das ist mein Mann.
ER Das ist meine Hose.
VIKTOR Das ist meine Aktentasche.

Soviel für heute und nicht vergessen: alle weiblichen einsilbigen Substantive ohne Umlaut werden schwach dekliniert.

Ionesco: Die kahle Sängerin ②

Erste Szene

Ein gutbürgerliches englisches Interieur mit englischen Fauteuils. Eine englische Abendunterhaltung. Mr. Smith, ein Engländer, mit seinen englischen Pantoffeln, sitzt in seinem englischen Fauteuil, raucht eine englische Pfeife und liest eine englische Zeitung an einem englischen Kaminfeuer. Er trägt eine englische Brille, einen kleinen grauen englischen Schnauz. – Neben ihm, in einem zweiten englischen Fauteuil, seine Frau – eine Engländerin, die englische Socken strickt. – Ein langes englisches Schweigen. – Die englische Wanduhr schlägt siebzehn englische Schläge.

MRS. SMITH: . . . Sieh mal an, es ist neun Uhr. Wir haben Suppe, Fisch, Kartoffeln mit Speck und englischen Salat gegessen. Die Kinder haben englisches Wasser getrunken. Wir haben gut gegessen heute abend, weil wir in der Umgebung von London wohnen und weil unser Name Smith ist.

MR. SMITH *schnalzt mit der Zunge, ohne die Lektüre zu unterbrechen.*

MRS. SMITH: Die Kartoffeln sind sehr gut mit Speck, das Salatöl war nicht ranzig. Das Öl vom Händler an der Ecke ist viel, viel besser als das Öl vom Händler vis-à-vis, es ist sogar besser als das Öl vom Händler unten am Strand. Aber ich will damit nicht sagen, daß ihr Öl schlecht wäre.

MR. SMITH *schnalzt mit der Zunge, ohne die Lektüre zu unterbrechen.*

MRS. SMITH: Doch das Öl vom Händler an der Ecke ist immer noch das beste . . .

MR. SMITH *schnalzt mit der Zunge, ohne die Lektüre zu unterbrechen.*

MRS. SMITH: Mary hat diesmal die Kartoffeln gut gekocht. Das letzte Mal hat sie sie nicht genügend kochen lassen. Nur wenn sie genügend gekocht sind, habe ich sie gerne.

MR. SMITH *schnalzt mit der Zunge, ohne die Lektüre zu unterbrechen.*

MRS. SMITH: Die Fische waren frisch. Ich habe mir die Lippen geleckt. Zweimal habe ich herausgenommen. Nein, dreimal. Davon muß ich aufs Häuschen gehen. Du hast auch dreimal herausgenommen. Doch beim drittenmal hast du weniger genommen als bei den zwei ersten, während ich viel mehr genommen habe. Ich habe heute besser gegessen als du. Wie kommt das? Gewöhnlich bist du's, der am meisten ißt. An Appetit fehlt es dir nicht.

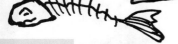

Aufgabe 1   Texte interpretieren

- Loriot formuliert seine „Lernziele" vor jedem Dialog-Teil. Versuchen Sie Lernzielformulierungen für den Text von Ionesco.
- Welche Gemeinsamkeiten und Unterschiede erkennen Sie zwischen den Texten von Loriot und Ionesco?
- Erkennen Sie in den beiden Texten Merkmale einer Satire?
  Wenn ja: Welche Personen, Anschauungen, Zustände sollen kritisiert oder verächtlich gemacht werden?

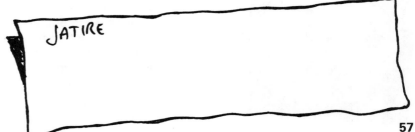

2 Lernerfahrungen

① Eugène Ionesco: Englisch

(...) Gewissenhaft schrieb ich die Texte aus meinem Lehrbuch ab, um sie auswendig zu lernen. Als ich sie aufmerksam überlas, lernte ich zwar nicht Englisch, aber ich erfuhr überraschende Wahrheiten: Zum Beispiel, daß die Woche sieben Tage hat, was ich übrigens schon wußte, daß der Fußboden unten, die Decke oben ist, eine Sache, die ich vielleicht ebenfalls wußte, aber über die ich niemals ernsthaft nachgedacht oder die ich vergessen hatte und die mir plötzlich ebenso verblüffend wie undiskutierbar wahr schien... Nach den universellen Wahrheiten offenbarte mir der Autor des Lehrbuchs Teilwahrheiten; und um das zu tun, drückte sie dieser Autor, ohne Zweifel durch eine Methode Platons inspiriert, durch das Mittel des Dialogs aus. Ab der dritten Lektion wurden zwei Personen präsentiert, von denen ich immer noch nicht weiß, ob sie wirklich existent oder erfunden waren: Mr. und Mrs. Smith, ein englisches Ehepaar. Zu meiner höchsten Verwunderung teilte Mrs. Smith ihrem Gatten mit, daß sie mehrere Kinder haben, daß sie in der Umgebung Londons wohnen, daß ihr Name Smith ist, daß Mr. Smith Büroangestellter ist, daß sie ein Dienstmädchen Mary haben, ebenfalls Engländerin, daß sie seit zwanzig Jahren mit den Martins befreundet sind (...)

② Peter Bichsel: Französisch

(...) die erste Französischstunde in der Bezirksschule. Der Lehrer sagte sofort, es gebe sehr schwere Laute im Französischen, zum Beispiel „en". Er sprach den Laut dreimal vor, ging dann von Bank zu Bank, sagte ihn jedem noch einmal, und jeder von uns sagte den Laut ganz genau nach. Der Lehrer stellte nur fest, daß wir nie *Französisch* lernen werden. (...)

Wir lernten aber nicht nur, wie schwer, unverständlich schwer es ist, „en" zu sagen. Wir lernten sozusagen alle Schwierigkeiten der französischen Sprache – nicht Französisch, nur die Schwierigkeiten. Ich glaube, ich habe meinen Französischlehrer mit Recht im Verdacht, daß auch er nur die Schwierigkeiten konnte. Es ging nicht darum, etwas zu lernen, sondern es ging darum, etwas prüfbar zu machen. (...)

③ Ernest Hemingway: Italienisch

Der Major, der ein großer Fechter gewesen war, hielt nichts von der Tapferkeit und verbrachte viel Zeit damit, meine Grammatik zu korrigieren, während wir in unseren Apparaten saßen. Er hatte mir Komplimente darüber gemacht, wie gut ich Italienisch sprach, und wir unterhielten uns ganz freundschaftlich. Eines Tages hatte ich gesagt, daß ich die italienische Sprache so leicht fände, daß ich kein besonderes Interesse aufbringen könne; alles ließe sich so leicht sagen. „O ja", sagte der Major. „Warum bedienen Sie sich dann nicht der Grammatik?" Von da an bedienten wir uns der Grammatik, und bald war Italienisch eine so schwierige Sprache, daß ich Angst hatte, etwas zu ihm zu sagen, bevor ich mir nicht im Geist über die Grammatik klar war.

Aufgabe 2 Lernerfahrungen vergleichen

Ionesco und Hemingway begannen als Erwachsene, Englisch bzw. Italienisch zu lernen. Bichsel beschreibt seine Schulerfahrungen.
– Sehen Sie Parallelen in den drei Berichten? Welche?
– Notieren Sie alle Negativerfahrungen aus den Texten.
– Auf welche Weise hätte Peter Bichsel wohl am liebsten Französisch gelernt?
– Auf welche Weise lernen Sie selbst am leichtesten und besten?
– Können Sie sich an Ihre ersten Begegnungen mit einer Fremdsprache erinnern? Berichten Sie.

Ein Japaner hatte in den frühen 60er Jahren gerade einen mehrwöchigen Deutschkurs im Goethe-Institut in Berlin beendet. Er wollte nun Bekannte in Westdeutschland besuchen. Am Bahnhof Zoo war viel Betrieb. "Eine Rückfahrkarte nach Bremen, bitte!" rief er dem Beamten am Schalter durch die Membran zu. "W o h i n ?" Der Beamte hatte nichts verstanden. Der Japaner war verwirrt. Der Beamte fragte nochmals: "Bitte, w o h i n ?" Der Japaner stutzte - plötzlich verstand er und antwortete laut und deutlich: "Akkusativ!"

Alle Menschen haben einen Körper. Einige Körperteile sind : der Kopf, der Arm, der Hals, der Rücken, das Bein, der Fuß.

Auf dem Kopf wächst das Haar ; es ist schwarz, braun oder blond. Einige Männer sind kahl, d.h. sie haben kein Haar oder sehr wenig Haar. Die Frauen und Mädchen haben viel mehr Haar als die Männer, und oft haben sie Wellen (Wasserwellen oder Dauerwellen) darin.

Andere Teile des Kopfes sind : das Auge, das Ohr, die Nase, der Mund. Man sieht mit den Augen, hört mit den Ohren, atmet durch die Nase und riecht damit. Wenn man die Augen schließt, sieht man nichts, aber wenn man sie öffnet, sieht man wieder. In dem Mund sind die Zunge und die Zähne ; man schmeckt mit der Zunge und beißt mit den Zähnen. Wenn man spricht, öffnet man den Mund.

Am Ende des Arms ist die Hand ; jede Hand hat fünf Finger. Wenn man etwas schreibt, hält man den Füllhalter oder den Bleistift in der Hand. Wenn man etwas schneidet, hält man ein Messer oder eine Schere darin. Man steht auf den Füßen und geht mit den Beinen und Füßen.

Die Menschen sind groß oder klein, dick oder dünn (schlank). Kinder sind klein, aber sie wachsen jedes Jahr und werden größer.

Aufgabe 3   Lehrbuchseiten analysieren und vergleichen

– Was sollen die Schüler auf diesen Seiten lernen?
– Welche Funktion haben die Bilder?
– Was ist auf den beiden Seiten verschieden?
  Was ist ähnlich oder gleich? – Notieren Sie in die
  Kreise (Unterschiede) und in die gemeinsame Fläche
  (Ähnlichkeiten).

ein vollständiger Text

*di
da*

Aufgabe 4   Eine Lehrbuchseite gestalten

– Entwerfen Sie selbst eine Lehrbuchseite zum gleichen Thema.
– Begründen Sie Ihren Entwurf!

4 Lernweisen – Sprechweisen

Wilms: *Du hattest mir da so 'ne Geschichte erzählt im Spielsalon.*

Ahmet: *Hm, ja, das war am, also, wir wolln, wir sind sehr gemütlich in vorletzte Woche Freitag in eine Spielothek gegangen…*

(Einwurf Lehrerin: als du in der Schule gefehlt hast?)

Nee, Freitag sag ich, Freitagabend nach dem Training. Wir wollten Billard spielen, ne. Wir haben erst paar Spiel gemacht, dann kommt der, paar Typen an, so Punkers oder so, die Haare sieht so an, ne. Und dann, wir sind, ich war so umgedreht zu denen, die Jungen, und dann haben sie uns Zigaretten losgeschmissen. Die kommt auf meine Jacke an, ne. Und dann, da hab ich zu ihnen gegangen, hab ich gesagt: ,Was willste, wieso schmeißte mir Zigaretten?'

,Ach', sagt er, ,hau ab' und so weiter.

Da bin ich schnell dran, hab ich den eine geknallt, weil ich denn so Ausländer bin oder so. Also ich bin auch Mensch, weißte, das juckt mich. Ich gehe die Spielothek, kennt mich alle da, ne.

Und dann vielleicht hätten sie mir da holfen, wenn ich allein gewesen wär. Aber ich war mit mein Kumpel, die waren auch zwei. Wir sind da aber trotzdem die fertiggemacht. Die denken gar nix, daß sie so große Schnauze haben.

Ich bin so klein, ich bin ein Meter dreiundsechzig groß. Aber die war bißchen länger. Der dachte, daß er mich schlägen kann, ne. Aber ich habe keine Angst, wenn ich auch 'n Schnauze voll kriege, aber geh immer noch dran…

Fragen? (an die Mitschüler gewendet)

MS: *Wer hat gewonnen?*

Ahmet: *Nee, also von uns, also die haben so blutet und so weiter. Aber ich hab dann, na ja, wie man so sagt, im Po hab ich son blaue Fläche. Und mein Kumpel hat paar Kratzer im Hand. Aber bei uns dann nich so viel so blutet und so weiter. Haben wir nich gehabt.*

MS: *Und deine Gefühle dabei?*

Ahmet: *Meine Gefühle dabei? Was so Gefühle? Stark fühl ich mich nich. Wenn die mir so kommen, daß se stark sind, na klar, können sie das machen. Also, mir macht das nich aus, ob der stark is, ob ich auch 'n ein Arschvoll kriege, is egal. Hauptsache, daß ich ihn was paar haue. Dann freu ich mich darüber, wenn er auch stark is.*

(MS = Mitschüler)

Ahmet (17) kam vor 4 Jahren mit seiner Mutter u. 2 Schwestern aus Kayseri (Türkei) in die Bundesrepublik, wo sein Vater schon seit 14 Jahren lebte und arbeitete. Ahmet wurde als "Seiteneinsteiger" in die 6. Klasse eingeschult und hatte zunächst große Schwierigkeiten mit der Sprache.

Deutsch lernte er vor allem bei der Aushilfsarbeit in einem Getränkemarkt, im Kontakt mit Kollegen und Kunden, und im Fußballverein, in den er bald eintrat.

Ahmet beginnt jetzt nach Abschluß seiner Schulzeit eine Lehre als Fahrzeugbauer.

Ahmet lebt seit 4 Jahren in der Bundesrepublik und besucht eine deutsche Schule (deutsche Regelklasse). Deutsch aber hat er vor allem außerhalb der Schule gelernt: durch Hören und Nachahmen. Er hat es gelernt im Kontakt mit gleichaltrigen Deutschen, auf der Straße, auf Spielplätzen, in der Schule – und durchs Fernsehen. Er hatte viele „Sprachvorbilder". Was er „herausgehört" hat, hat er auch sofort angewendet und erprobt. Dabei hat er sein eigenes Sprachsystem herausgebildet, das sich in vielem vom „Lehrbuchdeutsch" unterscheidet.

Aufgabe 5   Sprachstand einschätzen

– Welche Ausdrücke und Wendungen sind besonders umgangsprachlich?
– In welchen Wendungen und Satzkonstruktionen zeigt Ahmet eine hohe Kompetenz im Deutschen?
– Wo sind Abweichungen von der „Norm" (den Regeln der Grammatik)?
– Was sollte Ahmet jetzt gezielt lernen?

Aufgabe 6   Eine Sprechweise einschätzen

Wie spricht Ahmet?				
selbstbewußt	– ängstlich		übertreibend	– untertreibend
sicher / schlagfertig	– unsicher		emotional	– sachlich
flüssig	– stockend		spontan	– überlegt
			…..	– …..

DAXING CHEN
„Gnädige Frau"

„Gnädige Frau, erlauben Sie mir, mich bei Ihnen zu erkundigen, wie gehe ich, wenn ich nach P...Psch...Pschörrstraße gehen möchte?"

„Wie meinen Sie?" Die Dame, die ich frage, zeigt im ersten Moment eine ganz verwirrte und hilflose Miene. Ich bin schon einen Monat hier. Heute möchte ich meinen Bekannten in dieser P..., ja Psch...örrstraße besuchen. Aber als ich aus der U-Bahn-Station herausgekommen bin, habe ich die Orientierung total verloren. Es ist ganz anders als in meiner Heimatstadt, wo alles symmetrisch eingerichtet ist. Mein Stadtplan hat mir auch nicht viel helfen können, weil ich nicht einmal weiß, wo ich bin. So bin ich auf die Idee gekommen, diese vorbeigehende Dame zu fragen. Dazu habe ich gar keine Hemmungen, weil ich mich in allen deutschen Frageformen gut auskenne.

„Ich meine, gnädige Frau, wie begebe ich mich zur Pschörrstraße?" Die Dame sieht mich ungläubig an, ohne mir eine Antwort zu geben. Ich wundere mich, warum diese Dame mein buchstäblich korrektes Deutsch nicht verstehen kann!

„Ach, Sie wollen zur Pschörrstraße?" sagt sie schließlich. Sie macht eine ganz ernste Miene, „gnädiger Herr, gestatten Sie mir, auf Ihre Frage einzugehen. Sie mögen bitte die nächste Straßenkreuzung überqueren und dann nicht nach rechts, sondern nach links abbiegen, so werden Sie in zehn Minuten an Ihrem Ziel sein."

Ein Gefühl voller Stolz erfüllt mich: Schon auf Anhieb ist es mir mit den deutschen Kenntnissen, die ich in meiner Heimat erworben habe, gelungen.

„Ha, ha, ha, ..." Ein schallendes Lachen hat mich aus meinem Glücksgefühl aufgeschreckt. Einige Passanten krümmen sich vor Lachen. Ich bin ganz verwirrt. Und sogar die Dame lacht mit! Worüber lachen sie denn? In meiner Heimat fragt man doch auf diese Art und Weise eine vornehme Fremde nach dem Weg, und außerdem steht das alles ganz korrekt in meinem Buch. Ich stehe fassungslos da und habe vergessen, wie ich zu dieser P... P...straße gehen soll.

Aufgabe 7 Lernweisen vergleichen

- Warum lachen die Passanten über Chens Äußerung?
- Wo und wie hat Chen wohl Deutsch gelernt?
- Vergleichen Sie die Methode mit der Art, wie Ahmet Deutsch gelernt hat.
- Welche Rolle spielt die Muttersprache für Daxing Chen beim Deutschlernen?
- Bei welchen Konstruktionen und in welchen (Sprech- und Schreib-) Situationen haben *Sie* Schwierigkeiten mit dem Deutschen?

6 Sprachen müßte man können . . .

„Ihr werdet euch einen Bleistift kaufen müssen", sagte Mama, „an der Straßenecke ist ein Laden."

„Aber wir können nicht französisch sprechen", rief Anna.

„Unsinn", sagte Mama, „nehmt das Wörterbuch mit. Ich gebe euch jedem einen Franken, und das Wechselgeld könnt ihr behalten."

„Wie heißt Bleistift auf französisch?"

„Un crayon", sagte Mama. Ihre Stimme klang nicht so französisch wie Papas Stimme, aber sie kannte eine Menge Wörter.

„Jetzt ab mit euch – schnell!"

Nachdem sie ganz allein mit dem Lift nach unten gefahren waren, fühlte sich Anna ganz unternehmungslustig, und ihr Mut verließ sie auch nicht, als sich herausstellte, daß der Laden sehr elegant war und eigentlich mehr Büroartikel als Schreibwaren verkaufte. Mit dem Wörterbuch unter dem Arm marschierte sie vor Max her durch die Tür und sagte mit lauter Stimme: „Bonsoir, Madame!"

Der Eigentümer des Ladens machte ein erstauntes Gesicht, und Max stieß sie an.

„Das ist keine Madame – das ist ein Monsieur", flüsterte er, „und ich glaube, bonsoir heißt guten Abend."

„Oh", sagte Anna.

Aber dem Mann, dem der Laden gehörte, schien es nichts auszumachen. Er lächelte und sagte etwas auf französisch, das sie nicht verstehen konnten. Sie lächelten zurück.

Dann sagte Anna mutig: „Un crayon", und Max fügte hinzu: „s'il vous plaît."

Der Mann lächelte wieder, suchte in einem Karton hinter der Theke und brachte einen schönen roten Bleistift zum Vorschein, den er Anna reichte.

Sie war über ihren Erfolg so überrascht, daß sie „merci" zu sagen vergaß und nur einfach mit dem Bleistift in der Hand stehenblieb. Das war aber leicht!

Dann sagte Max: „Un crayon", denn er brauchte auch einen. „Oui, oui", sagte der Mann lächelnd und nickend und wies auf den Bleistift in Annas Hand. Er stimmte mit Max überein, daß dies ein Bleistift war.

„Non", sagte Max, „un crayon!" Er suchte nach einem Weg, es zu erklären. „Un crayon", rief er und wies auf sich selbst, „un crayon!"

Anna kicherte, denn es sah so aus, als wollte Max sich vorstellen. „Ah", sagte der Mann. Er nahm noch einen Bleistift aus der Schachtel und reichte ihn Max mit einer kleinen Verbeugung.

„Merci", sagte Max erleichtert. Er gab dem Mann die beiden Franken und wartete auf das Wechselgeld. Es sah so aus, als würden sie nichts herausbekommen. Anna war enttäuscht. Es wäre nett gewesen, ein wenig Geld zu besitzen.

„Wir wollen ihn fragen, ob er keine anderen Bleistifte hat", flüsterte sie, „vielleicht gibt es billigere."

„Das können wir nicht", sagte Max.

„Laß es uns doch versuchen", sagte Anna, die sehr hartnäckig sein konnte. „Sieh nach, was ,anders' auf französisch heißt." Max blätterte im Wörterbuch, während der Mann ihn interessiert beobachtete. Schließlich hatte er es gefunden. „Es heißt ,autre'", sagte er.

Anna lächelte strahlend und hielt ihren Bleistift dem Mann hin: „Un autre crayon?" sagte sie.

„Oui, oui", sagte der Mann nach kurzem Zögern. Dann gab er ihr einen anderen Bleistift aus der Schachtel. Jetzt hatte sie zwei. „Non", sagte Anna und gab ihm den Bleistift wieder zurück.

Sein Lächeln wurde ein bißchen frostig. „Un autre crayon . . ." Sie machte ein Gesicht und zeigte mit ihren Fingern, um etwas sehr Kleines und Unbedeutendes anzuzeigen.

Der Mann starrte sie an und wartete, ob sie noch etwas anderes tun würde. Dann zuckte er mit den Schultern und sagte etwas auf französisch, das hoffnungslos klang.

„Komm", sagte Max, der rot vor Verlegenheit war.

„Nein", sagte Anna. „Gib mir das Wörterbuch!" Sie blätterte fieberhaft. Schließlich hatte sie es gefunden. Billig . . . bon marché.

„Un bon marché crayon!" rief sie triumphierend und schreckte zwei Damen auf, die gerade eine Schreibmaschine prüften. „Un bon marché crayon, s'il vous plaît."

Der Mann sah erschöpft aus. Er holte eine andere Schachtel und zog einen dünneren blauen Bleistift heraus. Er reichte ihn Anna, die nickte und ihm den roten zurückgab. Dann gab ihr der Mann zwanzig Centimes zurück. Er blickte Max fragend an.

„Oui", sagte Anna aufgeregt, „un autre bon marché crayon!" und die Prozedur wurde mit Maxens Bleistift wiederholt.

„Merci", sagte Max.

Der Mann nickte nur. Er machte einen erschöpften Eindruck.

„Wir haben jeder zwanzig Centimes", sagte Anna. „Denk dir nur, was wir uns dafür kaufen können!"

„Ich glaube, es ist nicht viel", sagte Max.

„Aber es ist besser als nichts", sagte Anna. Sie wollte dem Mann zeigen, daß sie dankbar war und sagte: „Bonsoir, Madame."

Materialien zur Grammatik- und Wortschatzarbeit

1. Gesprochene und geschriebene Sprache

A. Textbeispiel 1

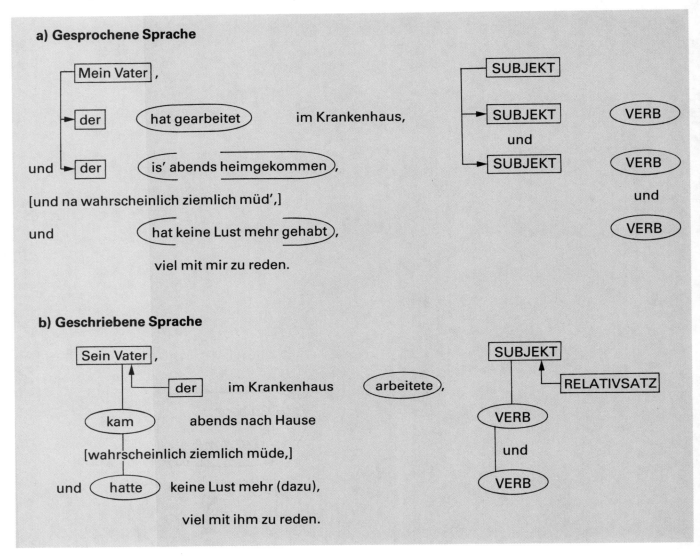

a) Gesprochene Sprache

Mein Vater,
der hat gearbeitet im Krankenhaus,
und der is' abends heimgekommen,
[und na wahrscheinlich ziemlich müd',]
und hat keine Lust mehr gehabt,
viel mit mir zu reden.

SUBJEKT
SUBJEKT VERB
und
SUBJEKT VERB
und
VERB

b) Geschriebene Sprache

Sein Vater,
der im Krankenhaus arbeitete,
kam abends nach Hause
[wahrscheinlich ziemlich müde,]
und hatte keine Lust mehr (dazu),
viel mit ihm zu reden.

SUBJEKT ← RELATIVSATZ
VERB
und
VERB

B. 🔑-Aufgaben 1

Die beiden Texte a) und b) haben den gleichen Inhalt. Trotzdem gibt es viele Unterschiede in der Sprache der beiden Texte; diese Unterschiede sind zum Teil typisch für den Unterschied zwischen gesprochener und geschriebener Sprache.

Die folgenden Aufgaben sollen Ihnen dabei helfen, diese Unterschiede zu finden und zu benennen:

1. Textbeispiel b) besteht aus einem Hauptsatz und einem Relativsatz.
   a) Wie lautet der Hauptsatz?
   b) Wie lauten der Relativsatz und das Relativpronomen?
2. Textbeispiel a) enthält zweimal das Pronomen „der".
   a) Wer ist mit „der" gemeint?
   b) Steht das Pronomen „der" am Anfang eines Hauptsatzes oder eines Nebensatzes?
      Begründen Sie Ihre Meinung!
3. Was fällt bei den Subjekten in Textbeispiel a) also besonders auf?
4. Vergleichen Sie den Tempusgebrauch in den Textbeispielen a) und b)!
5. Das Perfekt bildet (wie alle „zusammengesetzten" Tempora des Deutschen) im Satz einen sogenannten „Satzrahmen" oder eine „Satzklammer".
   a) Erläutern Sie diese Aussage anhand von Beispielen!
   b) Wo wird in Textbeispiel a) von dieser „Regel" abgewichen?
   c) Diskutieren Sie mögliche Ursachen für eine solche Abweichung („Ausklammerung") besonders in
      gesprochener Sprache!
6. Welche Wörter in Textbeispiel a) weichen in ihrer Form von der normalen Form ab? Kann man auch
   diese Abweichung erklären?

A. Textbeispiel 2

a) Gesprochene Sprache

Und später,
als ich in der Schule war,
da **bin** ich immer in meinem Zimmer unten **gehockt** *nachmittags*.
Und ich **hab'** in meinem Zimmer eben in der Hauptsache *so* meinen Zeichenblock **gehabt**,
und **hab'** da *so* alles mögliche **gezeichnet**.

b) Geschriebene Sprache

Später,
als er zur Schule ging,
saß er nachmittags immer unten in seinem Zimmer.
In seinem Zimmer hatte er seinen Zeichenblock
und zeichnete alles mögliche.

B. ⌐o═⌐ -Aufgaben 2

Vergleichen Sie die Textbeispiele a) und b) und geben Sie dabei Antworten auf die folgenden Fragen:
1. Welche Tempora werden gebraucht?
2. Wo wird von der „regulären" Wortstellung abgewichen („Ausklammerung")?
3. Wo steht die Konjunktion „und" am Satz**anfang?**
4. Welche Wortformen sind nicht vollständig?
5. „Hocken" ist ein Wort, das vor allem im schwäbischen Dialekt für „sitzen" gebraucht wird.
   Wie lautet das Perfekt von „sitzen" und „hocken" normalerweise?
6. Der Sprecher gebraucht häufig die Partikel „so" vor Satzgliedern, z. B. „so meinen Zeichenblock".
   Dieses „so" hat keine erkennbare Bedeutung, sondern gehört zur „individuellen" Sprechweise des
   Sprechers (zu seinem „Ideolekt"). Nennen Sie ein weiteres Beispiel für seinen Ideolekt.

A. Textbeispiel 3

a) Gesprochene Sprache

Und wenn meine Eltern *runterkamen,* . . .
um *mal* zu kontrollieren,
ob *jetzt* ihr Sohn auch fleißig *lernt für's Abitur,*
na hab' ich oben mein Englischbuch gehabt
    und es *zack* schnell *drübergezogen über'n Zeichenblock,*
und *na* waren *die* zufrieden.

b) Geschriebene Sprache

Wenn seine Eltern nach unten kamen,
um (einmal) zu kontrollieren,
ob ihr Sohn auch fleißig für das Abitur lernt,
dann legte er schnell sein Englischbuch über den Zeichenblock.
Dann waren sie zufrieden.

B. 🔑-Aufgaben 3

Vergleichen Sie die Textbeispiele a) und b) und geben Sie dabei Antworten auf die folgenden Fragen:

1. Welche Wörter des Textbeispiels a) sind in Textbeispiel b) durch andere Wörter ersetzt?
2. Welche Wörter des Textbeispiels a) fehlen in Textbeispiel b) ganz?
3. Suchen Sie Beispiele für „Zusammenziehungen" von Wörtern (z. B. in das Haus → ins Haus)!

A. Textbeispiel 4

Gesprochene Sprache

Des is'n Bild,
des is'n Meter zwanzig hoch und*'n* Meter breit.
Des ganze Gesicht,
des is alles zusammengesetzt *aus irgendwelchen Pflastern,*
so mit'm kleinen gelben Löchlein,
wo man das Stoffzeug durchsieht *von dem Pflaster.*

B. 🔑-Aufgabe 4

Machen Sie eine „schriftliche Fassung" des Textes.

C. Übungen

1. Untersuchen Sie weitere Beispiele schriftlicher Wiedergabe von gesprochener Sprache in Kapitel 1.
   Was ist in dieser Sprache „anders" als in geschriebener Sprache?
   (Achten Sie auf Wörter, Wortformen, Satzbau usw.!)
2. Versuchen Sie, eine „schriftsprachliche Variante" der gesprochenen Sprache zu machen (ähnlich den Textbeispielen (b)).
3. Schreiben Sie andere Abschnitte des von der Kassette gehörten Interviews auf.
   (Was und wieviel Sie aufschreiben wollen, können Sie selbst bestimmen)
4. Versuchen Sie, eine „schriftsprachliche Variante" Ihrer Mitschrift zu machen!

1. Zwillingsformeln

Textbeispiele

> lingsgeschwister; **Zwil|lings|for|mel,** die
> (Sprachw.): *aus zwei mit „und" od. „oder" mitein-*
> *ander verbundenen Wörtern bestehende feste*
> *sprachliche Verbindung* (z. B. Haus und Hof);

Duden Universalwörterbuch 1984

1. Und nach einigem **Hin und Her** hat er mir dann auch das Studium bezahlt.
2. Nachdem ich ihm **hoch und heilig** versprechen mußte, daß ich das Lehrerexamen mache.
3. . . . sich mit Äußerlichkeiten auf 'ne bestimmte **Art und Weise** umgibt.

In diesen Beispielen (wie in den folgenden) ist die Reihenfolge der „Zwillinge" obligatorisch, d. h. sie kann **nie und nimmer** umgekehrt werden, wie sich in jedem guten Wörterbuch überprüfen läßt.

Ü1 Fügen Sie die folgenden Teilsätze Ⓐ und Ⓑ sinnvoll zusammen.

Ⓐ

1. Ich habe ihm **klipp** und
2. Das Gericht hat den Vertrag für **null** und
3. Danach haben die Einbrecher alles **kurz** und
4. Dann sind wir **kreuz** und
5. Die Ergebnisse waren **samt** und
6. Nach dieser Anstrengung waren wir **fix** und
7. Dafür müßt ihr **gut** und
8. Erst **nach** und
9. Zehn Mark pro Quadratmeter ist hier **gang** und
10. Nach dem Krieg ging alles **drunter** und
11. Auf den kannst du dich verlassen: Der geht mit dir durch **dick** und

Ⓑ

a. **quer** durch die Stadt gefahren.
b. **gern** 800 Mark rechnen.
c. **gäbe.**
d. **nach** habe ich mich daran gewöhnt.
e. **drüber.**
f. **dünn.**
g. **nichtig** erklärt.
h. **fertig.**
i. **klein** geschlagen.
j. **sonders** falsch.
k. **klar** die Meinung gesagt.

Ü2 Ersetzen Sie die in Ü1 gefundenen idiomatischen Formeln durch Synonyme.

Beispiele: **nach und nach** → allmählich/mit der Zeit
      samt und sonders → alle/ohne Ausnahme
      gang und gäbe → normal/üblich
      klipp und klar → eindeutig/unmißverständlich

Ü3 Fügen Sie einige der folgenden Zwillingsformeln/Wortpaare zusammen:

1. mit **Ach** und . . .	11. mit **Rat** und . . .	a. **Band**	k. **Krach**
2. unter **Dach** und . . .	12. sich **recken** und . . .	b. **Bein**	l. **Pack**
3. **dann** und . . .	13. mit **Sack** und . . .	c. **Braus**	m. **pflegen**
4. auf **du** und . . .	14. mit **Sang** und . . .	d. **breit**	n. **strecken**
5. seit **eh** und . . .	15. **sang-** und . . .	e. **du**	o. **Tat**
6. **Handel** und . . .	16. in **Saus** und . . .	f. **Fach**	p. **Tritt**
7. **hegen** und . . .	17. **schalten** und . . .	g. **Fülle**	q. **Trug**
8. in **Hülle** und . . .	18. auf **Schritt** und . . .	h. **je**	r. **walten**
9. **Lug** und . . .	19. **Stein** und . . .	i. **Klang**	s. **Wandel**
10. außer **Rand** und . . .	20. **weit** und . . .	j. **klanglos**	t. **wann**

Ü 4 Drücken Sie den Sinn der oben gefundenen Wortpaare/Zwillingsformeln anders aus.

Beispiele: **dann und wann** → manchmal, gelegentlich, **ab und zu, hin und wieder**

seit **eh und jeh** → schon immer, solange man sich erinnern kann

sang- und klanglos → unbeachtet, unbemerkt,

weit und breit → in der ganzen Umgebung, ringsum(her), so weit man sehen kann

Ü 5 Fügen Sie einige der folgenden Zwillingsformeln/Wortpaare Ⓐ mit den dazugehörigen Verben Ⓑ zu idiomatischen Wendungen zusammen.

Ⓐ   Ⓑ

1. **in Bausch und Bogen**	8. **Kopf und Kragen**	a. ablehnen
2. **Biegen oder Brechen**	9. **mit Mann und Maus**	b. aufbrechen/fliehen
3. **mit Glanz und Gloria**	10. **bei Nacht und Nebel**	c. ausrotten
4. **Haus und Hof**	11. **weder Rast noch Ruh**	d. davonjagen
5. **mit Haut und Haar[en]**	12. **in Samt und Seide**	e. durchfallen
6. **Himmel und Hölle**	13. **mit Schimpf u. Schande**	f. es geht auf . . .
7. **mit Kind und Kegel**	14. **mit Stumpf und Stiel**	g. finden/haben
		h. fliehen/verschwinden
		i. sich kleiden
		j. riskieren
		k. in Bewegung setzen
		l. untergehen
		m. verlassen/zurücklassen
		n. verschlingen/vertilgen

Aufgabe 1 Zwillingsformeln umschreiben/anwenden

– Ersetzen Sie mit Hilfe eines einsprachigen Wörterbuches einige der obigen (Ü 5) Zwillingsformeln/ Wortpaare durch Umschreibungen/Synonyme.

– Suchen Sie in einem einsprachigen Wörterbuch Anwendungsbeispiele zu einigen der obigen (Ü 5) idiomatischen Wendungen.

Ü 6 Fügen Sie einige der folgenden Wortpaare/Zwillingsformeln Ⓐ mit den passenden Verben Ⓑ zu idiomatischen Wendungen zusammen.

Beispiele: in **Angst und Schrecken** behaupten

hoch und heilig versetzen

steif und fest versichern

Ⓐ

1. **weder aus noch ein**	8. **mit Hängen und Würgen**	14. **Mund und Nase**
2. **Brief und Siegel**	9. **auf Heller und Pfennig**	15. **Rede und Antwort**
3. **dumm und dämlich**	10. **vom Hölzchen aufs Stöckchen**	16. **hinter Schloß und Riegel**
4. das **Für und Wider/** das **Pro und Contra**	11. **Hören und Sehen**	17. **nach Strich und Faden**
5. **mit Fug und Recht**	12. **Ja und Amen**	18. **auf Treu und Glauben**
6. **Gift und Galle**	13. **Mittel und Wege**	19. **von Tuten und Blasen**
7. **in Grund und Boden**		20. **nach bestem Wissen und Gewissen**

(B)

a)	keine Ahnung haben	h)	finden	o)	stehen
b)	aufsperren	i)	(auf etwas) geben	p)	verdammen/reden/wirtschaften/ sich schämen
c)	behaupten	j)	handeln		
d)	bestehen/durchkommen	k)	kommen	q)	vergehen
e)	betrügen/übers Ohr hauen	l)	(jmd./sich) reden	r)	versichern
f)	bringen	m)	sagen	s)	wissen
g)	erwägen	n)	spucken	t)	zurückzahlen

Aufgabe 2 **Zwillingsformeln analysieren**

Stellen Sie für einige der folgenden Wortpaare/Zwillingsformeln fest, nach welchem Strukturprinzip sie gebildet sind, und zwar nach
(a) dem (Gleich-/Wohl-) *Klang*
(b) *Bedeutungsähnlichkeiten*/Sinnverwandtschaften
(c) *gegenteiligen* Begriffen
(d) *Kombinationen* aus (a)/(b) oder (a)/(c).

Beispiele:

a) **durch und durch, recht und schlecht, Feuer und Flamme, so oder so**
b) **angst und bange, weder Baum noch Strauch**
c) **Ebbe und Flut, Freud und Leid, Tag und Nacht**
d) **Tun und Treiben** (= a/b), **Wohl und Wehe** (= a/c)

– Suchen Sie (wenn möglich mit Hilfe eines einsprachigen Wörterbuches) Anwendungsbeispiele für einige der folgenden Zwillingsformeln.

Beispiele (nach DUDEN-Universalwörterbuch):

angst und bange → jdm. angst und bange machen = in Angst versetzen; mir ist angst und bange geworden

wohl oder übel → ob man will oder nicht, wohl oder übel muß er es tun

1. **in Amt und Würden** – 2. **drehen und wenden** – 3. **durch und durch** – 4. **Ebbe und Flut** – 5. **Feuer und Flamme** – 6. **weder Fisch noch Fleisch** – 7. **Freud und Leid** – 8. **früher oder später** – 9. **auf Gedeih und Verderb** – 10. **im großen und ganzen** – 11. **gut und schön** – 12. **pro Kopf und Nase** – 13. **kurz und bündig** – 14. **kurz und gut** – 15. **über kurz oder lang** – 16. **mit List und Tücke** – 17. **nach Lust und Laune** – 18. **Mord und Totschlag** – 19. **aus/von nah und fern** – 20. **an Ort und Stelle** – 21. **eher/mehr recht als schlecht** – 22. **recht und schlecht** – 23. **sage und schreibe** – 24. **ohne/mit Sinn und Verstand** – 25. **Sinnen und Trachten** – 26. **Tag und Nacht** – 27. **zwischen Tür und Angel** – 28. **Tun und Treiben** – 29. **voll und ganz** – 30. **wohl oder übel**.

Aufgabe 3 **Deutsche Wortpaare in die Muttersprache übersetzen und vergleichen**

– Übersetzen/übertragen Sie einige der folgenden Formeln in Ihre Muttersprache. Vielleicht finden Sie dort ähnliche Formeln.

Lösungsbeispiele:
englisch: **door to door – eye to eye – hand in hand – line by line – side by side – from time to time** . . . etc.

französisch:	**côte à côte – coup pour coup – du tac au tac – au jour le jour – la main dans la main – de temps en temps** . . . etc.
spanisch:	**uno á uno/uno por uno – palabra por palabra – mano á mano – un año con otro – de hoy á mañana – de tiempo en tiempo/de cuando en cuando/de rato en rato** . . . etc.
italienisch:	**fianco a fianco – porta a porta – a uno a uno/uno per uno – di anno in anno – giorno per giorno – di tanto in tanto** . . .

1. **Auge in Auge** – 2. **Auge um Auge, Zahn um Zahn** – 3. **Fragen über Fragen** – 4. **Hals über Kopf** (!) – 5. **Hand in Hand** – 6. **Kopf an Kopf** – 7. **Mann für Mann** – 8. **Minute für/um Minute** – 9. **Satz für Satz** – 10. **Schlag auf Schlag** – 11. **Schritt für Schritt** – 12. **Schulter an Schulter** – 13. **Seite an Seite** – 14. **Tag für Tag** – 15. **Tür an Tür** – 16. **Wort für Wort** – 17. **Zeile für Zeile** – 18. **Knall auf Fall.**

a) **von A bis Z** – b) **von Angesicht zu Angesicht** – c) **von Haus zu Haus** – d) **von Jahr zu Jahr** – e) **von Mal zu Mal** – f) **von Zeit zu Zeit** – g) **von heute auf morgen** – h) **von Kopf bis Fuß** – i) **von morgens bis abends** – j) **von Pontius zu Pilatus** – k) **vom Scheitel bis zur Sohle.**

– Wenn Sie in den obigen Beispielen durch Übersetzung/Vergleich Parallelen gefunden haben, können Sie bestimmt weitere in den Aufgaben 1 und 2 sowie in den Übungen 1–5 entdecken!

2. Modalitätsangaben mit „so"

Textbeispiele 1

– a) Das war *nicht* **so** tragisch.
– b) **So** hab ich eigentlich bis heute wenig Kontakt mit meinem Vater gehabt.

Aufgabe 4

– Ersetzen Sie in den obigen Textbeispielen **so** durch

○ **auf diese Art und Weise**   ○ **besonders**   ○ **daher/deshalb**
○ **das ist der Grund, weshalb** . . .   ○ **sehr**   ○ **(all)zu**

– Versuchen Sie, auch in den folgenden Beispielsätzen **so** entsprechend zu ersetzen.

1. Wir sind (gar) *nicht* **so** schnell gefahren. – 2. Ich finde die Idee *nicht* **so** originell. – 3. **So** kam es zum Ausbruch des Ersten Weltkrieges. – 4. **So** kann ich dir nur raten: Laß die Finger davon! – 5. Die Lösung dürfte *nicht* **so** schwierig sein. – 6. Das Wetter war *nicht* **so** schön. – 7. Das sollte sich *nicht* **so** oft wiederholen! – 8. Das kostet sicher *nicht* **so** viel. – 9. **So** bin ich dann zu Hause geblieben. – 10. **So** konnte er der Polizei entgehen.

Textbeispiele 2

- Ich hab' da **so** *alles Mögliche* gezeichnet.
- Und es formt sich **so** *irgendein* Gesicht.
- Wo unten **so** *'ne* schöne Folie drauf is(t) oder *irgend* **so** *was*.
- Und hat **so** Kindermärchen geschrieben.
- Da sind irgendwelche Binden gewickelt, **so** weiße Binden, die mit **so** Gummiklämmerchen zusammengehalten werden.
- Und ich hab' in meinem Zimmer **so** meinen Zeichenblock gehabt.
- Ich hab' mir **so** überlegt, was ich studieren soll.
- Da hab' ich dann **so**, um ein bißchen Geld zu verdienen, Bühnenbilder gemalt.
- (...) **so** in Plastik eingewickelt (...).

Aufgabe 5 Modalitätsangaben (mit „so") in Texten stilistisch untersuchen

- Stellen Sie fest, ob sich an der Bedeutung der obigen Textbeispiele etwas ändert, wenn Sie „so" weglassen.
- Bestimmen Sie mit Hilfe des nebenstehenden Textausschnitts (aus: „Wörterbuch der deutschen Gegenwartssprache") die Funktion/Bedeutung von „so" in den obigen Textbeispielen.

...**so**... **b)** /*unbetont*; *partikelhaft, ohne eigentliche Bedeutung*; *verleiht einer Aussage, Frage, Angabe einen unbestimmten, vagen Charakter, mildert eine Aussage, Frage, Angabe ab*/ *wie ich so ging, da sah ich plötzlich, daß* ...; *er starrte so vor sich hin; Ich ging im Walde / So für mich hin* GOETHE *Gefunden*; u.mg. *das ist mir so herausgefahren*[1]; *nur wo die Sonne nicht so hinkam, lag noch Schnee* SCHNURRE *Rechnung* 10; u.mg. *wie ist er denn so?*[1]; *ich mache mir so meine Gedanken darüber; er hat so seine Pläne; ich habe so eine Ahnung, daß* ...; *das ist so eine Art von Trotz*; u.mg. *Sie hatte so einen* (*eine Art*) *Zerstäuber in den Hahn einbauen lassen* M. WALSER *Halbzeit* 287; *das ist so eine Sache* (*das ist schwierig*)[1]; *das hat schon so mancher gesagt; das war so ziemlich das einzige, was ich erfuhr; so allmählich bekomme ich Lust; er fragte so nebenbei; ihm traue ich nicht so recht; es geht mir nicht so* (*besonders*) *gut*

1. Mehrfache Subordination

A. Textbeispiel

Fred Holten wußte, daß das sein letzter Lauf war, . . . zu dem sie ihn . . . nur deshalb aufgestellt hatten, weil der Gewinn des Länderkampfes vom Ausgang des 5000-Meter-Laufes abhing.

B. 🔑-Aufgaben

1. Identifizieren Sie den Hauptsatz und die (drei) Nebensätze des Textbeispiels.
   Durch welche Konjunktionen werden die Nebensätze eingeleitet?
2. Identifizieren Sie jeweils die Nominativergänzung (das Subjekt) und das Verb in den Nebensätzen.
3. Versuchen Sie, die „Hierarchie" (Welcher Satz ist welchem Satz direkt subordiniert [= untergeordnet]?) innerhalb des Textbeispiels graphisch darzustellen und zu erläutern.
4. Beantworten Sie die folgenden Fragen:
   a) *Was* wußte Fred Holten?
   b) *Was für ein Lauf* war das?
   c) *Warum* hatten sie ihn aufgestellt?
5. Die drei Nebensätze des Textbeispiels haben verschiedene „Funktionen":
   a) Objektsatz; b) Attributsatz; c) Adverbialsatz.
   Welcher Nebensatz hat welche Funktion? Erläutern Sie Ihre Lösung.
6. Suchen Sie weitere Beispiele für mehrfache Subordination und analysieren Sie sie in gleicher Weise.

C. Übungen

Ü 1 **Markieren Sie in dem folgenden Textabschnitt**
   a) alle Nebensätze
   b) alle Konjunktionen, die einen Nebensatz einleiten
   c) alle Verben und Nominativergänzungen in den Nebensätzen
   d) alle Infinitivsätze:

„Manche auf den Bänken wußten, daß er schon über dreißig war, sie wußten, daß er in einem Alter lief, in dem andere Athleten längst abgetreten waren, aber bei seinem Namen waren sie gewohnt, an Sieg zu denken. Sie hatten geklatscht und geklatscht, als sie durch den Lautsprecher erfahren hatten, daß er in letzter Minute aufgestellt worden war; man hatte seinetwegen einen jüngeren Läufer vom Start zurückgezogen, denn der Gewinn des Länderkampfes hing jetzt nur noch vom Ausgang des 5000-Meter-Laufes ab, und man hatte ihn, den Ersatzmann, geholt, weil er erfahrener war und taktisch besser lief und weil man sich daran gewöhnt hatte, bei seinem Namen an Sieg zu denken."

Ü 2 **Erfragen Sie die Inhalte der Nebensätze in diesem Text.**
   Beispiel: „*Was* wußten manche?"
Ü 3 **Stellen Sie die „Hierarchien" in den Sätzen des Textes dar.**

Beispiel zu dem obigen Satz „Manche auf den Bänken wußten . . .":

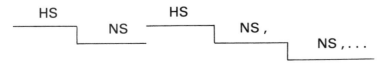

(HS = **H**auptsatz; NS = **N**ebensatz)

2. Subjekt- und Objektsätze

A. Textbeispiele

1. Es war nicht üblich, daß man bei einem 5000-Meter-Lauf um Ruhe für den Start bat.
2. Alle wußten, daß ein besonderer Lauf bevorstand.
3. Fred wußte nicht, was passiert war.
4. Man hatte sich daran gewöhnt, bei seinem Namen an Sieg zu denken.
5. Er versuchte erst, durch einen Spurt freizukommen.

B. 🔑-Aufgaben

1. Identifizieren Sie die Nebensätze in den Textbeispielen.
2. Welche Nebensätze in den Textbeispielen realisieren
   a) eine Nominativergänzung (ein Subjekt)
   b) eine Akkusativergänzung (ein Akkusativobjekt)
   c) eine Präpositionalergänzung (ein Präpositionalobjekt) im jeweils übergeordneten Satz?
3. Wie kann man das Pronomen „es" in Textbeispiel 1, wie das Wort „daran" in Textbeispiel 4 erklären? Was ist ihre gemeinsame Funktion?
4. Vom Satzbauplan des jeweiligen Verbs hängt es ab, durch welche Satzglieder (und damit auch durch welche Nebensätze) die einzelnen Ergänzungen realisiert werden können. Beispiel: wissen + NOMINATIVERGÄNZUNG + AKKUSATIVERGÄNZUNG; Akkusativergänzung realisierbar durch „daß"-Satz und indirekten Fragesatz. Ermitteln Sie (anhand der Textbeispiele und mit Hilfe eines Lexikons), durch welche Nebensätze die Präpositionalergänzung des Verbs „sich gewöhnen" und die Akkusativergänzung des Verbs „versuchen" realisiert werden können.
5. Suchen Sie weitere Verben, bei denen Ergänzungen durch Nebensätze realisiert werden können.

C. Übungen

Ü 4   **Identifizieren Sie in den folgenden Beispielsätzen die Subjekt- und Objektsätze:**

1. Es interessiert mich sehr, wie der Länderkampf ausgegangen ist.
2. Andere interessieren sich nicht (dafür), wie der Länderkampf ausgegangen ist.
3. Ich bin daran interessiert, was Du über den Ausgang des 5000-Meter-Laufes denkst.
4. Was Du eben gesagt hast, ist sehr interessant.
5. Was Du eben gesagt hast, finde ich sehr interessant.
6. Daß Fred disqualifiziert wurde, tut mir leid.
7. Daß Fred disqualifiziert wurde, finde ich nicht gerecht.
8. Fred fiel es schwer, die letzten Kraftreserven zu mobilisieren.
9. Fred war fest entschlossen, die letzten Kraftreserven zu mobilisieren.
10. Fred versuchte jetzt, die letzten Kraftreserven zu mobilisieren.

Ü 5   **Bilden Sie Subjekt- oder Objektsätze in Abhängigkeit von den folgenden Verben:**

sich ärgern (über); anfangen (mit); auffallen; auffordern; aufhören (mit); sich bedanken (für); befürchten; beschließen; bitten (um); einladen (zu); empfehlen; sich entschließen (zu); sich erinnern (an); erlauben; erzählen; fragen; freuen; sich freuen (auf/über); gelingen; sich gewöhnen (an); glauben; helfen (bei); hoffen; hoffen (auf); sich kümmern (um); lernen; nützen; raten (zu); sagen; sehen; sorgen (für); überzeugen (von); vergessen; versprechen; versuchen; wissen.

3. Adverbialsätze

A. Textbeispiele

1. Man hatte ihn, den Ersatzmann, geholt, weil er erfahrener war und taktisch besser lief.
2. Fred dachte: „Wenn ich zehn Meter gewinne, dann kommt er nicht mehr ran."
3. Fred dachte: „Er (El Mamin) hätte den Endspurt früher angesetzt, wenn er die Kraft gehabt hätte, aber er ist fertig und läßt sich nur ziehen."
4. Sie standen von ihren Bänken auf, obwohl der Start völlig bedeutungslos war bei einem Lauf über diese Distanz.
5. Es war so still im Stadion, daß das harte Knattern des Fahnentuchs im Wind zu hören war.
6. Er trat noch einmal scharf an, um sich zu befreien.
7. Der Starter hob sich, während er die Pistole schräg noch oben richtete, auf die Zehenspitzen.
8. Dieses Glück . . . hatte ihn stets bis zum Zusammenbruch laufen lassen, auch dann, wenn seine Gegner überrundet und geschlagen waren.
9. Noch bevor der Lauf begonnen hatte, schien er ihn verloren zu haben.
10. Als er am Start vorbeiging, hörte er eine Stimme.
11. Er (Fred) sah so aus, als ob er keine Chance hätte.
12. Es sah (so) aus, als wolle er (der Starter) der ganzen Welt das Kommando zum Start geben.

B. 🔑-Aufgaben

1. Identifizieren Sie die Nebensätze in den Textbeispielen.
2. Analysieren Sie die Stellung von Verb und Nominativergänzung in den Haupt- und Nebensätzen der Textbeispiele.
3. Welche Nebensatz*arten* (z. B. „Kausalsatz") enthalten die einzelnen Textbeispiele?
4. Durch welche sprachlichen Mittel wird in den folgenden Sätzen die URSACHE (der GRUND) einer Tätigkeit (oder eines Sachverhalts) ausgedrückt?
   a) Man hatte ihn geholt, weil er erfahren war.
   b) Man hatte ihn geholt, da er erfahren war.
   c) Man hatte ihn geholt, denn er war erfahren.
   d) Man hatte ihn geholt; er war nämlich erfahren.
   e) Er war erfahren; deshalb (deswegen/daher) hatte man ihn geholt.
   f) Er war erfahren; aus diesem Grund hatte man ihn geholt.
   g) Aufgrund (wegen) seiner Erfahrung hatte man ihn geholt.
5. Was für Konditionalsätze (Realis? Potentialis? Irrealis?) enthalten die Textbeispiele 2 und 3? Begründen Sie Ihre Meinung.
6. Auch in den folgenden Textbeispielen wird „Konditionalität" ausgedrückt. Inwiefern?
   a) Fred dachte: „Ich muß jetzt loskommen von ihm, sonst hat er mich."
   b) Fred dachte: „Auch El Mamin ist fertig, sonst wäre er schon vorbei."
   Geben Sie die Beispielsätze a) und b) mit einem Konditionalsatz wieder, der dasselbe bedeutet.
7. In Satzgefügen mit einem Konzessivsatz als Nebensatz ist folgende logische Relation enthalten:

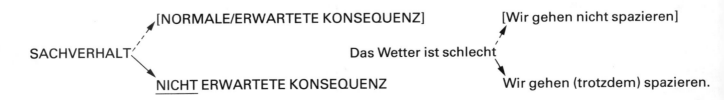

Beispiele:

a) Obwohl das Wetter schlecht ist, gehen wir spazieren.

b) Das Wetter ist (zwar) schlecht; wir gehen (aber) trotzdem spazieren.

c) Trotz des schlechten Wetters gehen wir spazieren.

Wodurch wird in den Beispielen a) – c) *die nicht erwartete Konsequenz* ausgedrückt?

8. Stellen Sie Textbeispiel 4 genauso dar wie den Beispielsatz in Schlüsselaufgabe 7.

9. Konsekutivsätze beschreiben die KONSEQUENZ/FOLGE eines Sachverhalts oder einer Tätigkeit.
   a) Was ist in Textbeispiel 5 der Sachverhalt, was die Folge?
   b) Kann der Konsekutivsatz auch noch anders eingeleitet werden?

10. Finalsätze drücken das ZIEL/den ZWECK einer Tätigkeit aus.
   a) Was ist in Textbeispiel 6 die Tätigkeit, was das Ziel/der Zweck der Tätigkeit?
   b) Kann man das Ziel/den Zweck der Tätigkeit auch noch anders ausdrücken?
   c) Was ist die Bedingung dafür, daß man das Ziel/den Zweck einer Tätigkeit mit einem Infinitivsatz (mit „um . . . zu") ausdrücken kann?

11. Welche Temporalsätze in den Textbeispielen 7–10 drücken Gleichzeitigkeit mit dem Geschehen des Hauptsatzes aus? (Überlegen Sie: Was ist/war/geschieht/geschah zur gleichen Zeit?) Welche Temporalsätze drücken Nachzeitigkeit aus? (Überlegen Sie: Was ist/war/geschieht/geschah zuerst, was danach?)

12. Mit welchen sprachlichen Mitteln kann man Vorzeitigkeit ausdrücken? Bilden Sie zwei oder drei Beispielsätze.

13. Analysieren Sie die folgenden Beispielsätze auf Gleichzeitigkeit/Vorzeitigkeit/Nachzeitigkeit:
   a) Noch vor Beginn des Laufes schien Fred ihn verloren zu haben.
   b) Nach Beendigung der zweiten Runde lag Fred immer noch in Führung.
   c) Während der Vorbereitungen zum Start wurde es im Stadion ganz still.
   Drücken Sie die zeitlichen Relationen in diesen Beispielsätzen mit Haupt- und Nebensatz aus.

14. Analysieren Sie die irrealen Komparativsätze in den Textbeispielen 11 und 12.
   a) Inwiefern sind die Vergleiche irreal?
   b) Wie werden die irrealen Komparativsätze eingeleitet, und was ist bei der Stellung des Verbs zu beachten?
   c) Welche Konjunktivformen werden in den Textbeispielen gebraucht?

C. Übungen

Ü 6 **Geben Sie den Inhalt der Nebensätze in den folgenden Beispielen mit anderen sprachlichen Mitteln (z. B. andere Konjunktion oder Hauptsatz oder Präposition + Substantiv) wieder.**

1. Fred lief von Anfang an auf Sieg, weil er sich nicht auf seinen Endspurt verlassen konnte.
2. Fred dachte: „Wenn ich zehn Meter Vorsprung habe, kommt er nicht mehr ran."
3. Obwohl er einen Zwischenspurt einlegte, konnte Fred sich nicht von seinem Gegner lösen.
4. Der Schmerz kam so plötzlich, daß Fred das Auge für eine Sekunde schloß.
5. Während Fred durch die Kurve lief, fühlte er den Schatten des Doppeldeckers an sich vorbeiflitzen.
6. Als Fred am Start vorbeiging, hörte er eine Stimme.
7. Nachdem sie in die letzte Kurve eingebogen waren, stürzte der Marokkaner plötzlich.
8. Bevor der 5000-Meter-Lauf gestartet wurde, bat der Stadionlautsprecher um Ruhe.
9. Fred wußte, daß dies sein letzter Lauf war.

Ü 7 **Machen Sie aus zwei Hauptsätzen ein Satzgefüge (Hauptsatz und Nebensatz) und gebrauchen Sie eine passende Konjunktion.**

1. Nehmen wir einmal an, Fred gewinnt den 5000-Meter-Lauf: Dann gewinnt seine Mannschaft den Länderkampf.

2. Fred mobilisierte seine letzten Kräfte; trotzdem konnte er nicht schneller laufen.

3. Es zog sie empor von den feuchten Zementbänken; denn sie wollten ihn jetzt wiedersehen.

4. Niemand interessierte sich mehr für die Stabhochspringer, denn die deutschen Teilnehmer waren bereits ausgeschieden.

5. Der Marokkaner lief noch leicht und locker; folglich konnte er Fred in der letzten Kurve überholen.

6. Fred legte einen Zwischenspurt ein; er wollte wenigstens zehn Meter Vorsprung gewinnen.

7. Der Starter richtete die Pistole schräg nach oben; gleichzeitig hob er sich auf die Zehenspitzen.

8. Sie hatten seinen Namen durch den Lautsprecher erfahren; sie hatten geklatscht und geklatscht.

9. Fred war schon ziemlich alt; trotzdem waren sie bei seinem Namen gewohnt, an Sieg zu denken.

10. Was war passiert? Fred wußte es nicht.

4. Attributsätze

A. Textbeispiele

1. Sie spürten, wie der Wind ihren Körpern die Wärme nahm, die die Trainingsanzüge ihnen gegeben hatten.
2. Die Zuschauer, die in der Nähe saßen, erhoben sich.
3. Neben ihm stand der Marokkaner, der für Frankreich lief.
4. Sie wußten, daß er in einem Alter lief, in dem andere Athleten längst abgetreten waren.
5. Er fühlte den Schatten des Reklamebandes, mit dem der Doppeldecker seit einigen Stunden über dem Stadion kreiste.
6. Aber die Stimmen, mit denen sie ihr Zeug anboten, klangen dünn und verloren.
7. Er lief durch das Zielband und fiel in die Decke, die Ahlborn bereithielt.

B. ⚷-Aufgaben

1. Identifizieren Sie die Relativsätze in den Textbeispielen.
2. Wie lauten die Relativpronomina, und in welchem Kasus stehen sie?
3. Was sind die Bezugswörter der Relativpronomina in den übergeordneten Sätzen?
4. Wovon ist der Kasus der Relativpronomina abhängig, wovon das Genus (maskulium, femininum, neutrum) und der Numerus (Singular, Plural)?
5. Warum nennt man Relativsätze auch Attributsätze? (Vergleichen Sie: „Die Zuschauer, die *in der Nähe saßen,* erhoben sich." – „Die *in der Nähe sitzenden* Zuschauer erhoben sich.")
6. Analysieren Sie die folgenden Satzgefüge mit Relativsatz in gleicher Weise (vgl. Schlüsselaufgaben 2–3):
   a) Er hörte die Stimme seines Trainers, der ihm die Zwischenzeit zurief.
   b) Er hörte die Stimme seines Trainers, den er am Start stehen sah.
   c) Er hörte die Stimme seines Trainers, dem er vertraute.
   d) Er hörte die Stimme seines Trainers, dessen Ehrgeiz er kannte.
   e) Er hörte die Stimme seines Trainers, mit dessen Hilfe er viele Siege errungen hatte.
   f) Er hörte die Stimme seines Trainers, die er seit Jahren kannte.
   g) Er hörte die Stimme seines Trainers, die sich fast überschlug.
   h) Er hörte die Stimme seines Trainers, der er oft gefolgt war.
   i) Er hörte die Stimme seines Trainers, deren Klang er seit Jahren kannte.
   k) Er hörte die Stimme seines Trainers, durch deren Klang er noch einmal angetrieben wurde.
7. Manchmal werden Relativsätze auch durch Interrogativpronomina (wer? was?) oder -adverbia (wo? wohin?) eingeleitet. Unter welchen Bedingungen ist das der Fall? Analysieren Sie daraufhin die folgenden Beispielsätze.

a) Wer wagt, gewinnt. (= Derjenige, der wagt, gewinnt)
b) Was bleibt, stiften die Dichter.
c) Wes(sen) Brot ich ess', des(sen) Lob ich sing'.
d) Am besten hilft sich selbst, wem niemand hilft.
e) Wo ich geboren bin, ist meine Heimat.
f) Ich gehe, wohin auch du gehst.

C. Übungen

Ü 8   **Drücken Sie die angegebenen logischen Relationen zwischen je zwei Sätzen aus.**

Beispiel: Man hatte ihn (den Ersatzmann) geholt. Er war erfahrener. (URSACHE)
            Man hatte ihn (den Ersatzmann) geholt, weil/da er erfahrener war.
oder   Man hatte ihn (den Ersatzmann) geholt; denn er war erfahrener.
oder   . . . .

1. Man hatte ihn geholt. Man hatte sich daran gewöhnt, ihn siegen zu sehen. (URSACHE)
2. Er brauchte den Vorsprung. Er war nicht stark genug, seinen Gegner im Endspurt zu besiegen. (URSACHE)
3. Er holt mich ein. Ich komme nicht von ihm los. (KONDITION)
4. Der Start war völlig bedeutungslos bei einem 5000-Meter-Lauf. Die Zuschauer standen von ihren Plätzen auf. (NICHT ERWARTETE KONSEQUENZ)
5. Im Stadion herrschte absolute Stille. Die Läufer sollten nicht gestört werden. (ZWECK)
6. Er lief von Anfang an auf Sieg. Er konnte sich nicht auf seinen Endspurt verlassen. (URSACHE)
7. Fred lief mit kurzen, kraftvollen Schritten. Er wollte sich vom Feld lösen. (ZWECK).
8. Die Schmerzen im linken Auge kamen ganz plötzlich. Fred mußte für eine Sekunde das Auge schließen. (KONSEQUENZ)
9. Er kann mich nicht mehr einholen. Ich gewinne zehn Meter Vorsprung. (KONDITION)
10. Nach diesem Lauf würden sie ihn nicht mehr aufstellen. Dies war der letzte Start der Saison und nächstes Jahr würde er endgültig zu alt sein. (URSACHE)
11. Es war still im Stadion. Man konnte das Knattern des Fahnentuchs im Wind hören. (KONSEQUENZ)
12. Ich muß aufgeben. Der Zahn beginnt wieder zu schmerzen. (KONDITION)

Ü 9   **Ergänzen Sie die passenden Konjunktionen, Relativpronomina usw. sowie die fehlenden Verben.**

Der Eigentümer . . . nun schon Jahre lang allein in seinem großen Haus.
Er . . . seine Frau . . . . seine Tochter . . . , . . . sie zu viel Geld . . . , . . . den
Hausdiener . . . . . , ... der einmal . . . . , die dritte Tür mit dem
Sicherheitsschloß . . . . . verriegeln. Dafür . . . . . er jetzt scharf dressierte
Hunde, Schäferhunde, ... ums Haus . . . . wild . . . . . , . . .
einmal der Briefträger an die Pforte . . . . . . Besucher . . . . . schon lange
nicht mehr. Er . . . . . sein Namensschild von der Außentür . . . . , ... er
in den Zeitungen mehrfach als reicher Mann . . . . Die
Buchstaben-Zahlen-Kombination des Safes . . . . . er absichtlich . . . . . ,
. . . . . der Panzerschrank nur noch mit Dynamit . . . . Der
Eigentümer selbst . . . . mit Gaspistolen . . . . . . Er . . . . . lange
. . . . . , bewegungslos auf dem Rücken liegend . . . . , . . .
kein Schuß aus seiner Pistole . . . . . . Er . . . . . mehrere Zeitungen, in
. . . . . er die Börsennachrichten . . . . nach Annoncen für Immobilien und Kunstgegenstände . . . . . . Auf bestimmte Anzeigen hin . . . . . er
Briefe, ... als Absender ein Postfach in einem entfernten Stadtteil
. . . . . . Doch eines Tages . . . . . plötzlich das Telefon, ... niemand
außer ihm seine Telefonnummer, ... in keinem Telefonbuch . . . . . . ,
. . . . .

wohnen,
zum Teufel jagen,
ausgeben, entlassen
vergessen, haben,
jagen, bellen,
kommen, kommen,
entfernen,
erwähnen,
vergessen,
zu öffnen sein,
sich bewaffnen,
üben, schlafen,
sich lösen, halten,
studieren,
suchen, schreiben,
angeben,
klingeln,
stehen,
kennen

Ü 10 Drücken Sie die in Klammern stehenden „Attribute" mit Hilfe eines Relativsatzes aus.

a) Die Zuschauer (die Zuschauer saßen in der Nähe) erhoben sich von ihren Sitzen.
b) Der Befehl (der Befehl entstand im Kopf) erreichte nicht die Beine.
c) Er lief durchs Ziel und fiel in die Decke (Ahlborn hielt die Decke bereit).
d) Durch den Lautsprecher hörten sie den Namen Freds (bei der Nennung dieses Namens dachten sie immer an Sieg).
e) Der Marokkaner (er spürte den Atem des Marokkaners) lief leicht und locker.
f) Der Marokkaner (er kämpfte mit dem Marokkaner um den Sieg) stürzte auf der Zielgeraden.
g) Er hörte den Doppeldecker (der Schatten des Doppeldeckers huschte über das Stadion).
h) Der Marokkaner (gegen den Marokkaner hatte er schon einmal verloren) lag immer noch an zweiter Stelle.
i) Er hörte nicht die Stimme im Lautsprecher (die Stimme disqualifizierte ihn).
k) Er lief in einem Alter (in diesem Alter waren andere Athleten längst abgetreten).

Ü 11 Verwandeln Sie die Partizipialkonstruktion in einen Relativsatz. Diskutieren Sie aber von Fall zu Fall, welche Formulierung – Partizipialkonstruktion oder Relativsatz – stilistisch akzeptabler ist.

a) Der behinderte Springer überquerte die 1,96 m hoch liegende Latte.
b) Die Olympiade der Behinderten ist eine Ermutigung für viele noch nicht Sport treibende Behinderte.
c) Die Behinderten hoffen, daß ihr ihnen oft zum Lebensinhalt gewordener Sport Anerkennung und Respekt findet.
d) „Für mich ist der Sport eine Brücke zu den nicht behinderten Menschen", erklärte der erblindete Skilangläufer.
e) Reinhild Möller ist eine sowohl bei den Sommerspielen, als auch bei den Winterspielen an den Start gehende Geographiestudentin.
f) Der 1893 gegründete Verein hat heute 821 Mitglieder.
g) Fußball ist die bei Jung und Alt am meisten beliebte Sportart.
h) Immer wieder versuchen Spitzensportler, ihre Leistungen durch die Einnahme von auf der Dopingliste stehenden Medikamenten zu steigern.
i) In dem die Meisterschaft entscheidenden Spiel treffen die deutschen „Gastarbeiter" Rummenigge und Briegel aufeinander.
k) Ein mit einem Schädelbasisbruch in ein Altonaer Krankenhaus eingelieferter 16jähriger Junge erlag am Sonntagabend seinen schweren Verletzungen.

1. Nominalkomposita

Textbeispiele 1

1. In New York/Illinois startet sie auf der 100- und 400-Meter-Strecke und im **Weitsprung**.
2. Wenige Meter abseits **Hochsprung** der Amputierten.
3. Die Gipfelereignisse der **Hochkultur** sind die internationalen Festivals.
4. Sie machen der Welt weis, daß gewisse Firmensymbole und sportliche **Höchstleistungen** einander geradezu bedingen.
5. In jüngster Zeit hatten Squash, **Skilanglauf** und Sporttauchen starken Zulauf.
6. Insbesondere Tennis ist ... an die dritte Stelle nach Fußball und Turnen und vor Schießsport und **Leichtathletik** gerückt.
7. Der Verkehr ist also nur dann zu retten, wenn die große Automobilausstellung nicht als Wunderwerk menschlicher Erfindungsgabe (...) gepriesen wird, sondern als **Vollversammlung** der Trottelei.
8. Sie hämmerten schwer und hart über die Aschenbahn, in gnadenloser **Gleichförmigkeit**.

Ü1 Erklären Sie die halbfett gesetzten Wörter in den obigen Textbeispielen.

Beispiele: – **Hochsprung** = Sportart, bei der man möglichst hoch springen muß
– **Hochkultur** = hochentwickelte Stufe der Kultur
– **Gleichförmigkeit** = ähnliche/übereinstimmende Form/Art

Ü2 Erklären Sie (mit Hilfe eines einsprachigen Wörterbuches) einige der folgenden Komposita.

– **Gleichförmigkeit:** Gleichberechtigung, -gewicht, -klang, -schritt, -strom, -zeitigkeit.
– **Hochkultur:** Hochbetrieb, -druck, -form, -gebirge, -haus, -konjunktur, -nebel, -saison, -schule, -spannung (!), -sprung.
– **Höchstleistung:** Höchstalter, -belastung, -betrag, -form, -geschwindigkeit, -grenze, -temperatur.
– **Langlauf:** Langschläfer, -spielplatte, -strecke, -zeitprogramm.
– **Leichtathletik:** Leichtgewicht, -industrie, -metall, -sinn (!).
– **Vollversammlung:** Vollbremsung, -dampf, -gas, -idiot, -milch, -mond, -treffer.
○ **Schwer-...:** Schwerarbeit, -athletik, -gewicht, -industrie, -kraft (!), -metall, -punkt (!), -verbrecher.
○ **Tief-...:** Tiefdruck, -ebene, -punkt, -schlaf, -see.

Textbeispiele 2

1. Er fühlte den Schatten des niedrig fliegenden **Doppeldeckers**.
2. Er hatte die **Innenbahn** gezogen.
3. Er ging hart an der **Innenkante** in die zweite Kurve.
4. Im **Innenraum** der zweiten Kurve nahmen die Stabhochspringer wieder ihren Wettkampf auf.
5. Sein **Oberkörper** richtete sich auf.
- -
6. ... stärkt das sein unterdrücktes **Selbstvertrauen**.

Ü3 Erklären Sie (mit Hilfe eines einsprachigen Wörterbuches) die halbfett gesetzten Wörter in den obigen Textbeispielen sowie einige der folgenden Komposita.

– **Doppeldecker:** Doppelagent, -bett, -deutigkeit, -erfolg, -fenster, -haus, -kinn, -punkt, -stunde, -tür.
– **Innenbahn:** Innenarchitekt, -einrichtung, -fläche, -hof, -kurve, -minister, -politik, -stadt, -temperatur.

– **Oberkörper:** Oberarm, -fläche (!), -grenze, -italien, -kiefer, -lippe, -stufe (!), -teil.
– **Selbstvertrauen:** Selbstbedienung, -bestätigung, -bestimmung, -betrug, -erhaltung, -hilfe, -ironie, -kontrolle, -kritik, -mord, -porträt, -zweck.
○ **Außen-:** Außenantenne, -bezirk, -fläche, -handel, -kante, -kurve, -minister, -politik, -tür, -welt.
○ **Unter-:** Unterarm, -ernährung, -geschoß, -grenze, -grund (!), -hemd, -hose, -italien, -lippe, -schrift (!).

Textbeispiele 3

1. (. . .) und lag auf der **Gegengeraden** fünfzehn Meter vor dem Marokkaner.
2. Sie mußten sich beruhigen auf der **Gegenseite**.
3. Ursprünglich hatte ich mich aus **Mitleid** gemeldet.
4. Fußball ist die von den meisten Personen . . . betriebene Sportart, in der besonders jungen Menschen . . . Verständnis für den **Mitmenschen** vermittelt wird.
5. Nach zwei Runden kommt der erste **Zwischenspurt**.
6. Er achtete nicht auf die **Zwischenzeit**.

Ü 4 Erklären Sie (mit Hilfe eines einsprachigen Wörterbuches) die halbfett gesetzten Wörter in den obigen Textbeispielen sowie einige der folgenden Komposita.

– **Gegenseite:** Gegenargument, -beweis, -frage, -gerade, -gewicht, -gift, -kandidat, -licht, -mittel, -pol, -richtung, -spieler, -verkehr, -vorschlag, -wind.
– **Mitleid:** Mitarbeit, -bestimmung, -bürger, -gefühl, -mensch, -schuld, -schüler, -wisser.
– **Zwischenzeit:** Zwischenbescheid, -bilanz, -ergebnis, -landung, -lösung, -prüfung, -spurt, -station, -wand, -zeit, -zeugnis.

2. Verwendungsweisen von „bei"

Textbeispiele

1. Der englische Trainer hat das **bei** einer Pressekonferenz in London so formuliert.
2. Sie ist eine der wenigen Olympiateilnehmer der Sportgeschichte, die sowohl **bei** den Winterspielen als auch **bei** der Sommerolympiade an den Start geht.
3. **Bei** den diesjährigen Sommerspielen in New York/Illinois startete sie auf der 100- und 400-Meter-Strecke und im Weitsprung.
4. Ich hätte die zwei Meter gern **bei** der Olympiade gemeistert.
5. Es war nicht üblich, daß man **bei** einem 5000-Meter-Lauf um Ruhe für den Start bat, man tat das sonst nur **bei** den Sprintstrecken.
6. . . . obwohl der Start völlig bedeutungslos war **bei** einem Lauf über diese Distanz.
7. Erst **bei** 1,98 m fällt die Stange.
8. Wenn einer **bei** der Zwischenzeit sich zwanglos von einem Schi befreit.
9. Aber **bei** seinem Namen waren sie gewohnt, an Sieg zu denken.
10. Ihr seid alle Klub-Mitglieder? Ja, alle Mitglieder **bei** den „Löwen".
11. Ein Kaufmann aus Utrecht, der (. . .) als Helfer der Essensausgabe . . . und **beim** Transport der Sportler vom Dorf ins Stadion hilft, gesteht freudig:
12. Muttersoelenallein sitzt er da bis in der Früh und schaut **beim** Boxen zu.
13. Es erfolgte nur noch ein einsames Stechen zwischen einem schmächtigen, lederhäutigen Finnen und einem Franzosen, die beide im ersten Versuch dieselbe Höhe geschafft hatten und nun den Sieger ermittelten. Sie ließen sich Zeit **dabei** und zogen nach jedem Sprung ihre Trainingsanzüge an.

Aufgabe 1 Verwendungsweisen von „bei" umschreiben und analysieren

– Ersetzen Sie in den obigen Textbeispielen „bei" durch Umschreibungen (Wörter/Wendungen/Konstruktionen/Zitate). Dazu einige Hilfen (a–f), die sich den Textbeispielen 1–13 zuordnen lassen (Mehrfach-Zuordnungen sind möglich).

a) **während/indem er/sie** (etc.) **das tut/tat** (, . . .)

b) **zu dem Zeitpunkt, als** . . . (z. B.: das Thermometer –10°C. zeigte, das Flugzeug in 8000 m Höhe flog, etc.)

c) **anläßlich, im Verlauf** + GENITIV (~ **von**), **im Rahmen** + GENITIV (~ **von**)

d) **„Mitglieder des Fanklubs . . ."**

e) **anwesend sein, um etwas zu tun, bereit sein, etwas zu tun, anwesend sein und etwas tun** (z. B. helfen, mitmachen, mitwirken, stören, zusehen/zuschauen)

f) **wenn es sich um ~ handelt(e), wenn/sobald es um ~ geht/ging**

– Versuchen Sie, mit Hilfe des folgenden Artikels aus WAHRIG, Deutsches Wörterbuch, 1980, die obigen Textbeispiele 1–13 zu analysieren, d. h. Definitionen und weitere Beispiele zu finden.

bei ⟨Präp. m. Dat.⟩ **I** ⟨örtlich⟩ **1** *in der Nähe von, neben*; dicht ~ der **Fabrik** gelegen; gleich ~m **Flugplatz** befindet sich ...; hier steht Haus ~ **Haus** *dicht nebeneinander*; Borsdorf ~ **Leipzig**; in der Schlacht ~ **Leuthen 2** *an einem bestimmten Ort, unter bestimmten Leuten*; wir werden ~ ihm auf euch warten *in seiner Wohnung*; ~ mir, bei uns zu Hause *in unserer Wohnung*, ⟨a. für⟩ *in meiner, in unserer Heimat*; wollen Sie ~ uns zu Mittag essen?; er ist ~ der **Bahn**, bei der **Post** ⟨umg.⟩ *dort angestellt*; er ist heute ~ meinem **Bruder**; er dient ~ der **Bundeswehr**; er wohnt ~ einer netten alten **Dame**; ~ den **Engländern** wird Weihnachten so gefeiert *in England*; er arbeitet ~ der **Firma** ...; ~ **Hofe** war es üblich, daß ...; ~m **Kaufmann**; Botschafter ~m **Vatikan 3** *an einem bestimmten Punkt*; ~ der **Hand** fassen, nehmen; ~m **Henkel** anfassen; den Hund ~m **Schwanz** packen **II** ⟨zeitlich⟩ **4** *während, als, zur Zeit von*; ~ meiner **Abfahrt**, Ankunft, meinem Aufenthalt in ...; Vorsicht ~m **Aussteigen**; ~m **Erwachen**; ~ (nächster) **Gelegenheit** werde ich ...; ~ den **Germanen** war es Brauch; ~ **Lebzeiten** meiner Eltern; ~ dieser **Nachricht**, diesen Worten; ~ **Sonnenaufgang**; ~ **Tage**, Nacht; sich ~ Tag und Nacht sorgen um ... *ständig* **5** *unter bestimmten Umständen*; ~ **alledem**; alles ~m **alten** lassen *nichts ändern*; ~ so vielen **Besuchern**, Teilnehmern, Zuschauern wird es möglich sein; ~ **näherer Betrachtung**; ~ deiner **Erkältung** würde ich lieber zu Hause bleiben!; ~ seinen **Fähigkeiten** sollte es ihm gelingen; ~ einer **Flasche**, einem Glas Wein gemütlich zusammensitzen; ~ fünf **Grad** unter dem Gefrierpunkt; ~ seiner **Jugend** ... *wenn man so jung ist* ...; feierlich ~ **Kerzenlicht** essen; ~ all seiner **Klugheit** konnte er doch nicht verhindern, daß ... *trotz seiner K.*; ~ **Regen** bleiben wir zu Hause *wenn es regnet* ...; ~ diesem Regen bleiben wir zu Hause *da es regnet* ...; ~ derartigen **Unglücksfällen 6** *im Zusammenhang mit einer Person*; kommt das oft ~ ihm vor?; hast du nichts Ungewöhnliches ~ ihm bemerkt?; ich dachte ~ mir ...; ich habe die Wagenpapiere ~ mir; genügend, kein Geld ~ sich haben; der flüchtige Verbrecher hat eine Schußwaffe ~ sich; er brummte ~ sich etwas Unverständliches **7** *in einem bestimmten Zustand, verbunden mit*; das Unangenehme ~ dieser **Angelegenheit** ist ...; nicht ~ **Besinnung** sein; gut, schlecht ~ **Kasse** sein ⟨umg.⟩ *mit Geld versehen*; (noch nicht) wieder ~ **Kräften** sein; ~ (guter) **Laune** sein; der Tenor ist heute nicht ~ **Stimme**; Betreten ~ **Strafe** verboten; ~ dieser **Präposition** steht der Genitiv **8** *augenblicklich beschäftigt mit*; ~ der **Arbeit** sein; ~m **Frühstücken**, ~m Waschen sein; ~ den **Reisevorbereitungen**; sie sind schon ~ **Tisch** *sie essen bereits* **9** ⟨zur Bez. des Urhebers⟩ sie nimmt Gesangsstunden ~ **Frau** ...; ~ **Goethe** lesen wir ...; Vorlesungen hören ~ **Professor** ...; gedruckt ~ **wem** lassen Sie arbeiten? *wer ist Ihr Schneider, Ihre Schneiderin?* **10** *mit Hilfe*; jmdn. ~ seinem, ~m **Namen** rufen; ich kann ~m besten **Willen** nicht **11** ⟨vor Beteuerungsformeln⟩ ~ meiner **Ehre!**; ~ **Gott!** **12** ⟨vor Zahlen- u. unbestimmten Angaben⟩ ~ 3000 Mann ⟨†⟩ *ungefähr*; das ist ~ weitem besser, schöner *viel besser, schöner*; ~ weitem nicht zufrieden sein *keineswegs* [< ahd. *bi*, engl. *by*, got. *bi* „um ... herum, bei"]

bei..., Bei... ⟨Vorsilbe⟩ *neben, dazu, zu u. ä.*, z. B. Beifilm, Beigericht, Beiladung, beiordnen [→ *bei*; abgeschwächt: *be...*]

3. Pronomina in Texten

Mutterseelen allanich sitzt [____] do bis in der Frua
und schaugt beim Boxen zua.
Weil wan sich zwei in die Papp'n haun,
stärkt dös [____] unterdrucktes Selbstvertrauen.

5 Die G'sichter san verschwolln und blutig rot,
genußvoll beißt [____] in [____] Schnitzelbrot.
Und geht dann endlich [____] in die Knie,
greift [____] zufrieden zu [____] Bier.
Wird ein Schiedsrichter verdroschen,

10 steigns' [____] ordentlich in die Goschn,
gibts a Massenschlägerei, [____] ist immer live dabei,
weil mit [____] Color-TV sicht [____] alles ganz genau.
Weltcup-Abfahrtsläufe machen [____] a bissel müd,
weil [____] ist abgebrüht.

15 Wenn [____] dabei irgendwas erregt,
dann nur wenns [____] ordentlich zerlegt.
Ein Sturz bei 120 km/h
entlockt [____] ein erfreutes „hopperla",
und liegt ein Körper regungslos im Schnee,

20 schmeckt erst so richtig der Kaffee.
Wenn [____] bei der Zwischenzeit
sich zwangslos von an' Schi befreit,
und es [____] in die Landschaft steckt,
daß jeder [____] Ohr'n anlegt,

25 wenn [____] es überleben tut,
dann wird [____] nachher interviewt.
Es wirkt a jede Sportart mit der Zeit a bisserl öd,
wenn es an Härte föhlt.
Autorennen sind da sehr gefragt,

30 weil hie und da sich [____] überschlagt.
Gespannt mit einem Doppler sitzt [____] da,
und hofft auf ein' go'scheiten „Bumsera", ...

Rechte Spalte Kästchen:
er
sei(n)
man

Aufgabe 2   **Textzusammenhänge untersuchen und darstellen**

– Rekonstruieren Sie den Text (linke Spalte), indem Sie die fehlenden Formen in die Leerstellen einsetzen (z. B.: a) **er/ihn/ihm/sein** etc. b) **man/einer/einem** etc.)
– Überprüfen Sie Ihre Ergebnisse mit dem vollen Text (S. 14) und tragen Sie diese dann in die Kästchen der rechten Spalte ein.
– Verbinden Sie in der rechten Spalte jeweils alle Formen von a) **er/ihn/sein** etc. und b) **man/einen** miteinander.

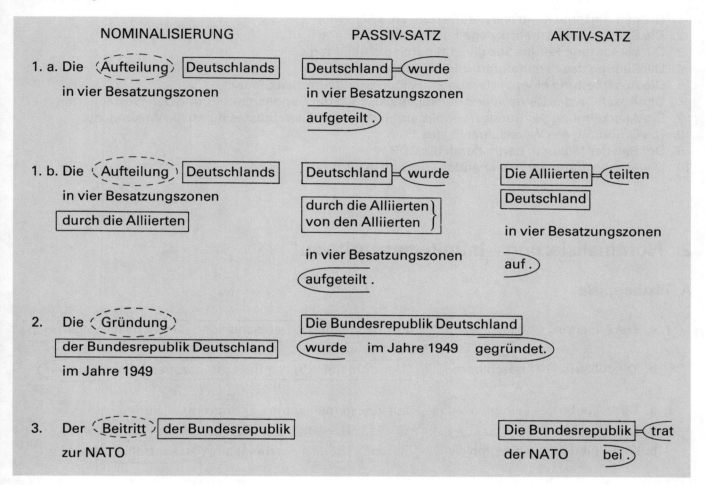

1. Nominalisierung – Passiv-Satz – Aktiv-Satz

A. Textbeispiele

	NOMINALISIERUNG	PASSIV-SATZ	AKTIV-SATZ

1. a. Die (Aufteilung) Deutschlands in vier Besatzungszonen

Deutschland wurde in vier Besatzungszonen aufgeteilt.

1. b. Die (Aufteilung) Deutschlands in vier Besatzungszonen durch die Alliierten

Deutschland wurde durch die Alliierten / von den Alliierten in vier Besatzungszonen aufgeteilt.

Die Alliierten teilten Deutschland in vier Besatzungszonen auf.

2. Die (Gründung) der Bundesrepublik Deutschland im Jahre 1949

Die Bundesrepublik Deutschland wurde im Jahre 1949 gegründet.

3. Der (Beitritt) der Bundesrepublik zur NATO

Die Bundesrepublik trat der NATO bei.

B. 🔑-Aufgaben

1. Analysieren Sie die Textbeispiele 1.a., 1.b. und 2:
   a) Was ändert sich, wenn man die Nominalisierung in einen Passiv-Satz auflöst?
   b) Was ändert sich, wenn man die Nominalisierung in einen Aktiv-Satz auflöst?
   c) Warum ist es in den Textbeispielen 1.a.) und 2) schwer, (bzw. nicht sinnvoll), einen Aktiv-Satz zu bilden?
   d) Analysieren Sie die Verben in den Textbeispielen 1 und 2 (transitive Verben oder intransitive Verben?).
2. Analysieren Sie Textbeispiel 3:
   a) Was ändert sich bei der Nominalisierung eines Aktiv-Satzes? (Achten Sie besonders auf das Verb und die Nominativergänzung.)
   b) Vergleichen Sie Textbeispiel 3 mit Textbeispiel 1.b.: Was ist anders?
   c) Um welche Art von Verb (transitiv? intransitiv?) handelt es sich in Textbeispiel 3?
3. Versuchen Sie, die Ergebnisse Ihrer Analyse zusammenzufassen:
   a) Unter welchen Voraussetzungen kann man eine Nominalisierung direkt in einen Passiv-Satz auflösen? Was ändert sich dabei?
   b) Wann kann man eine Nominalisierung nur direkt in einen Aktiv-Satz auflösen?

C. Übungen

Ü1 **Lösen Sie die folgenden Nominalisierungen in Sätze (Aktiv oder Passiv oder beides) auf.**

1. Die gemeinsame Kontrolle Berlins durch die Alliierten
2. Die Blockade der Zufahrtswege nach Berlin
3. Die Versorgung Berlins aus der Luft durch die Alliierten
4. Die Bildung des Parlamentarischen Rates für die Trizone
5. Die Ausarbeitung einer Verfassung für einen westdeutschen Staat
6. Der Abschluß des Deutschland-Vertrages zwischen der Bundesrepublik und den Westalliierten
7. Die Anerkennung der Bundesrepublik als eines souveränen Staates durch die Westmächte
8. Die Gründung des Warschauer Paktes
9. Der Bau der Mauer in Berlin durch die DDR
10. Die Anerkennung der bestehenden Grenzen in Europa

2. Nominalisierung – Infinitivsatz mit „zu"

A. Textbeispiele

B. 🔑-Aufgaben

1. Um was für Satzglieder handelt es sich bei den Nominalisierungen in den Textbeispielen a)?
2. In den Textbeispielen b) werden die Nominalisierungen aufgelöst. Wie geschieht das? Was ändert sich dabei?

C. Übungen

Ü2 **Ersetzen Sie die Nominalisierungen durch einen Infinitivsatz mit „zu".**

1. Die sowjetische Militärregierung beschloß die Blockade der Zufahrtswege nach Berlin.
2. Den Westalliierten gelang die Aufrechterhaltung der Versorgung Berlins aus der Luft.
3. Schon bald beschloß man die Bildung eines Parlamentarischen Rates für die Trizone.

4. Aufgabe des Parlamentarischen Rates war die Ausarbeitung einer Verfassung für einen westdeutschen Staat.
5. Auch der Volksrat der sowjetischen Zone begann mit der Erarbeitung einer Verfassung.
6. Die Westmächte entschlossen sich zur Anerkennung der Bundesrepublik als eines souveränen Staates.
7. Die Vertragspartner verpflichteten sich zur Anerkennung der bestehenden Grenzen in Europa.
8. Durch den Vertrag wurde eine Verstärkung der Bindungen von Berlin (West) an die Bundesrepublik ermöglicht.
9. Danach gelang auch die Regelung des Reiseverkehrs zwischen der Bundesrepublik und der DDR.
10. Die beiden deutschen Staaten beschlossen die Einrichtung Ständiger Vertretungen in Bonn und Berlin (Ost) sowie eine Normalisierung ihrer Beziehungen.

3. Nominalisierung – Konjunktionalsatz

A. Textbeispiele

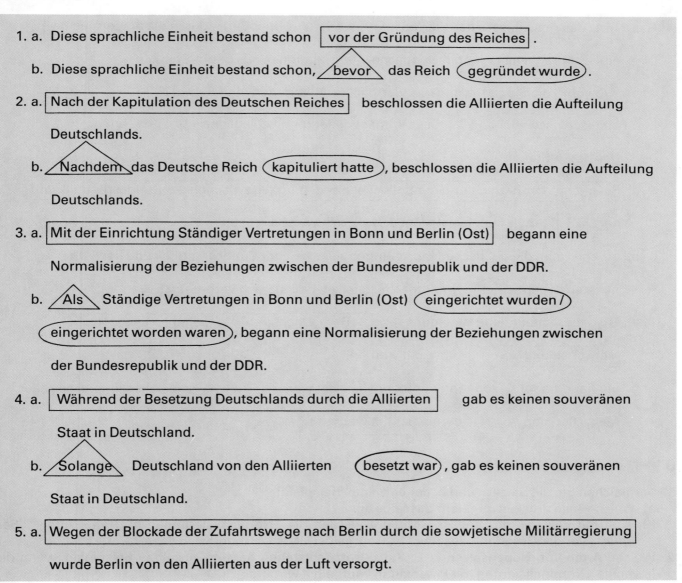

1. a. Diese sprachliche Einheit bestand schon vor der Gründung des Reiches .

   b. Diese sprachliche Einheit bestand schon, bevor das Reich gegründet wurde .

2. a. Nach der Kapitulation des Deutschen Reiches beschlossen die Alliierten die Aufteilung Deutschlands.

   b. Nachdem das Deutsche Reich kapituliert hatte , beschlossen die Alliierten die Aufteilung Deutschlands.

3. a. Mit der Einrichtung Ständiger Vertretungen in Bonn und Berlin (Ost) begann eine Normalisierung der Beziehungen zwischen der Bundesrepublik und der DDR.

   b. Als Ständige Vertretungen in Bonn und Berlin (Ost) eingerichtet wurden / eingerichtet worden waren , begann eine Normalisierung der Beziehungen zwischen der Bundesrepublik und der DDR.

4. a. Während der Besetzung Deutschlands durch die Alliierten gab es keinen souveränen Staat in Deutschland.

   b. Solange Deutschland von den Alliierten besetzt war , gab es keinen souveränen Staat in Deutschland.

5. a. Wegen der Blockade der Zufahrtswege nach Berlin durch die sowjetische Militärregierung wurde Berlin von den Alliierten aus der Luft versorgt.

b. Weil die Zufahrtswege nach Berlin von der sowjetischen Militärregierung

blockiert wurden, wurde Berlin von den Alliierten aus der Luft versorgt.

6. a. Zur Versorgung Berlins aus der Luft richteten die Alliierten eine Luftbrücke ein.

b. Um Berlin aus der Luft versorgen zu können,

Damit Berlin aus der Luft versorgt werden konnte, } richteten die Alliierten eine Luftbrücke ein.

7. a. Durch den Beitritt der Bundesrepublik zur NATO begann die sogenannte West-

Integration der Bundesrepublik.

b. Dadurch, daß die Bundesrepublik der NATO beitrat, begann die sogenannte West-

Integration der Bundesrepublik.

8. a. Trotz des Abschlusses des Viermächte-Abkommens über Berlin durch die Siegermächte

gibt es immer wieder unterschiedliche Interpretationen des Berlin-Status.

b. Obwohl die Siegermächte das Viermächte-Abkommen über Berlin

abgeschlossen haben, gibt es immer wieder unterschiedliche Interpretationen

des Berlin-Status.

9. a. Bei nüchterner Betrachtung der politischen Beziehungen zwischen der Bundesrepublik und

der DDR muß man feststellen, daß sie sich verbessert haben.

b. Wenn man die politischen Beziehungen zwischen der Bundesrepublik und der DDR

nüchtern betrachtet, muß man feststellen, daß sie sich verbessert haben.

10. a. Ein dauerhafter Friede kann nur unter Berücksichtigung der Lebensinteressen aller

Menschen und Völker erreicht werden.

b. Ein dauerhafter Friede kann nur (dann) erreicht werden, wenn die Lebensinteressen aller

Menschen und Völker berücksichtigt werden.

B. 🔑-Aufgaben

1. Vergleichen Sie die Sätze a. und b. der einzelnen Beispiele:
   a) Welche Teile drücken ungefähr dasselbe aus?
   b) Wie (mit welchen sprachlichen Mitteln) werden die „Nominalisierungen mit Präposition" (Bei-
      spiel: „Vor der Gründung des Reiches") aufgelöst? Was verändert sich dabei?
2. Welche Arten von Nebensätzen (z. B. Kausalsatz) entstehen bei den einzelnen Beispielen, wenn die
   jeweilige „Nominalisierung mit Präposition" aufgelöst wird?

C. Übungen

Ü 3 Gebrauchen Sie anstatt der Nominalisierungen Nebensätze (Konjunktionalsätze, Infinitivsätze), die das gleiche ausdrücken. Diskutieren Sie aber von Fall zu Fall, welche Formulierung (Konjunktionalsatz oder Infinitivsatz) stilistisch akzeptabler ist.

1. Nach der Bildung des Parlamentarischen Rates für die Trizone wurde in der sowjetischen Zone ein Volksrat gebildet.
2. Aufgabe des Parlamentarischen Rates war die Ausarbeitung einer Verfassung für einen westdeutschen Staat.
3. Vor Abschluß des Deutschlandvertrages zwischen der Bundesrepublik und den Westmächten wurden intensive Verhandlungen geführt.
4. Mit der Anerkennung der Bundesrepublik als eines souveränen Staates durch die Westmächte begann auch die Integrierung der Bundesrepublik in das westliche Verteidigungsbündnis.
5. Trotz des Baus der Mauer in Berlin durch die DDR gelang es dieser nicht, den Flüchtlingsstrom ganz zu stoppen.
6. Durch die Unterzeichnung des Moskauer Vertrages durch die UdSSR und die Bundesrepublik wurde der beiderseitige Wille zum Verzicht auf Gewalt dokumentiert.
7. Die Vertragspartner verpflichteten sich zur Anerkennung der bestehenden Grenzen in Europa.
8. Wegen der Beibehaltung der Oberhoheit der Alliierten des 2. Weltkrieges über Berlin hat Berlin einen politischen Sonderstatus.
9. Auch die Westmächte sind an einer Verstärkung der Bindungen von Berlin (West) an die Bundesrepublik interessiert.
10. Vor der Regelung des Transitverkehrs von der Bundesrepublik nach Berlin (West) im sogenannten Grundlagenvertrag kam es immer wieder vor, daß die DDR die Transitwege sperrte.
11. Bei der Erörterung der Ursachen der deutschen Teilung müssen viele Aspekte beachtet werden.
12. Bei einem Vergleich der politisch-gesellschaftlichen Entwicklung der beiden deutschen Staaten spielen die ersten Jahre nach dem 2. Weltkrieg eine wichtige Rolle.

Ü 4 Ergänzen Sie die Sätze, indem Sie die folgenden Verben „nominalisieren".

Beispiel: berücksichtigen
    Unter **Berücksichtigung** aller Aspekte kommt man zu folgendem Ergebnis: . . .

abbauen, abschließen, abwägen, bauen, beginnen, dauern, verbessern, verstoßen (gegen), zunehmen

1. Bei . . . aller Vor- und Nachteile sind wir zu folgendem Entschluß gekommen: . . .
2. Nach . . . der Verträge begann eine neue Ära der Beziehungen zwischen den beiden Staaten.
3. Wegen . . . gegen das Völkerrecht ist der Staat X vom Weltsicherheitsrat verurteilt worden.
4. Trotz . . . der Arbeitslosigkeit ist die Regierung optimistisch.
5. Durch . . . der Beziehungen zwischen Ost und West kann der Frieden sicherer gemacht werden.
6. Gegenwärtig finden Verhandlungen zum . . . der Spannungen zwischen Ost und West statt.
7. Vor dem . . . der Berliner Mauer war es leichter möglich, aus der DDR in die Bundesrepublik zu kommen.
8. Mit . . . der Verhandlungen einigten sich die Verhandlungspartner auf eine gemeinsame Tagesordnung.
9. Während . . . der Konferenz wurde eine Nachrichtensperre verhängt.

Ü 5 Versuchen Sie, die Nebensätze in den folgenden Beispielen zu „nominalisieren".

Vergleichen Sie jeweils Fassung 1 und 2 miteinander: Wie unterscheiden sich Satzgefüge und Nominalisierung in ihrer Wirkung? (Überlegen Sie: Wer benutzt wann vermutlich mehr die Nominalisierungen? Wann überwiegen im Sprachgebrauch die Satzgefüge?)

1. Bevor die Verhandlungen zwischen den Regierungschefs begannen, hatten schon Vorgespräche zwischen den Außenministern stattgefunden.
2. Nachdem die Verhandlungen abgeschlossen waren, gaben die beiden Delegationen eine Pressekonferenz.
3. Dadurch, daß Spanien und Portugal am 1. 1. 1986 der Europäischen Gemeinschaft beitraten, erhöhte sich die Zahl der EG-Mitglieder auf zwölf.
4. Obwohl über Rüstungskontrolle verhandelt wurde, wurde immer weiter gerüstet.
5. Wenn man die Ergebnisse der Verhandlungen betrachtet, kann man einige Fortschritte feststellen.
6. Damit der Friede gesichert wird, müssen intensive Verhandlungen zwischen den Großmächten geführt werden.
7. Solange die Genfer Gespräche zwischen den beiden Regierungschefs andauerten, war eine Nachrichtensperre verhängt.
8. Weil die Beziehungen zwischen den USA und der UdSSR sich allmählich verbessern, können auch in den Verhandlungen zwischen der Bundesrepublik und der DDR Fortschritte erzielt werden.

1. Wortbildung: Prä- und Suffixe

A. Das Präfix „un-"/„Un-"

Textbeispiele

1. Selbst in Amerika . . . grassiert nun **Unbehagen**.
2. . . . die schwächlichen ersten Schritte ins **Unbekannte** sind getan.
3. Andreottis **undiplomatische** Wahrheiten
4. Die Russen und wir mögen uns über tausend Dinge **uneinig** sein.
5. Unser Wille zu dieser Partnerschaft ist . . . **unentbehrlicher** Bestandteil.
6. Vor dem Hintergrund seiner **ungeklärten** Situation, „zwischen Baum und . . ."
7. Das wäre **ungesund** für uns selbst, und es wäre nur **unheimlich** für unsere Nachbarn.
8. Diese sprachliche Einheit bestand Jahrhunderte vor der Gründung des Heiligen Römischen Reiches Deutscher Nation, und sie hat die Entstehung und den Zerfall aller weiteren **unheiligen** Reiche überlebt.
9. William Satire, der **unlängst** ein Komplott . . . vermutete.
10. Das Wort „deutsch" läßt sich **unmißverständlich** nur noch als Adjektiv gebrauchen.
11. Die Briten haben mehr Verständnis für die **Unruhe** der Deutschen.
12. Jedes Nationalgefühl hat . . . seine **unverwechselbaren** Probleme.
13. Stellen Sie sich vor, daß **unweit** des Trafalgar Square, **unweit** der Place Vendôme, **unweit** des Times Square . . .
14. Sie ist endgültig und **unwiderruflich**.
15. . . ., daß viele Übersiedlungswillige nur **unzureichend** über die Situation in der Bundesrepublik informiert seien.

Aufgabe 1

Präfigierte Wortformen analysieren

– Ordnen Sie die **halbfett** gesetzten Wörter in den Textbeispielen (1. – 15.) den Definitionen/ Beispielen des nebenstehenden Ausschnitts aus dem Wörterbuch von R. Klappenbach und W. Steinitz zu.

un- /untrennbare, betonte oder unbetonte nominale Vorsilbe/

1. /drückt eine Negation aus; in Verbindung mit Partizipien, Adjektiven, die meist nicht gesteigert werden können/ nicht- **a)** unbelichtet, ungefrühstückt, unzusammenhängend **b)** /schließt den im Grundwort genannten Sachverhalt aus und bildet dadurch die eine Seite eines klassifizierenden Begriffspaares, z. B./ unbelebt, ungerade (Zahl), unorganisch (Stoffe)

2. /drückt neben der Negation einen Gegensatz aus/ **a)** /ohne pejorativen Nebensinn; in Verbindung mit Adjektiven, z. B./ untief, unweit; /in Verbindung mit Substantiven, z. B./ Unruhe, Unschuld **b)** /auch mit pejorativem Nebensinn; in Verbindung mit Adjektiven, z. B./ unehrlich, unfair, unfein, ungeschickt; /in Verbindung mit Substantiven, z. B./ Unbehagen

3. /drückt etw. Ungünstiges aus, das in seiner Auswirkung negativ beurteilt wird; in Verbindung mit Substantiven, z. B./ Unfall, Unkraut, Unstern, Unwetter; /in Verbindung mit bestimmten Adjektiven, z. B./ unwirtlich; /drückt daneben auch ein tadelndes Werturteil aus; in Verbindung mit Substantiven, z. B./ Unart, Unmensch, Unsinn, Unsitte, Untat; /in Verbindung mit Adjektiven, z. B./ unwirtlich

Beispiel:
13. = **unweit** → Wörterbuch, **2 a:** *ohne pejorativen Nebensinn; in Verbindung mit Adjektiven, z. B.* untief, unweit;

– Überprüfen Sie, ob sich in allen Textbeispielen (1. – 15.) die Formen mit *un- /Un-* durch *nicht/kein-* a) erklären b) umschreiben c) ersetzen lassen.

Aufgabe 2   Formen der Wortbildung analysieren

– Überprüfen Sie (mit Hilfe eines Wörterbuches) an einigen der folgenden Wörter, ob diese auch ohne das Präfix *un-/Un-* existieren.

1. unabhängig – 2. Unart – 3. unausstehlich – 4. unbekannt – 5. undeutlich – 6. Unding – 7. unehrlich – 8. unfair – 9. Unfug – 10. Ungeduld – 11. ungeduldig – 12. Ungeheuer – 13. ungeheuer – 14. Ungetüm – 15. Ungeziefer – 16. ungut – 17. Unkosten – 18. Unmasse – 19. Unmenge – 20. Unmensch – 21. unmöglich – 22. unruhig – 23. unsauber – 24. Unschuld – 25. unschuldig – 26. Unsinn – 27. unsinnig – 28. Unsitte – 29. Unsumme – 30. Untat – 31. untief – 32. Untiefe – 33. unvergleichbar – 34. unvergleichlich – 35. unvermeidbar – 36. unwiderruflich

Aufgabe 3   Wortbildungen überprüfen

– Versuchen Sie selbst, Adjektive und Substantive mit dem Präfix *un-/Un-* zu bilden. Überprüfen Sie Ihre Ergebnisse anhand eines Wörterbuches.

Beispiele:
○ alt —— (!) jung – neu – frisch
○ frankiert —— unfrankiert
○ freundlich —— unfreundlich
○ Friede(n) —— Unfriede(n)
○ friedlich —— unfriedlich, streit-
  süchtig, kriegerisch
○ frisch —— (!) welk – alt – müde – . . .
○ froh —— unfroh, traurig
○ früh —— spät (!)
○ furchtbar —— (harmlos) (!)
○ gut —— ungut; schlecht; böse

B. Das Suffix „-los"

Textbeispiele

1. Als **verhängnisvoll** bezeichnete es Oehme, daß . . .
2. Die Lage ist **„trostlos"**, sagte Oehme.
3. Oehme . . . will wegen seiner **perspektivlosen** Lage wieder zurück nach Dresden.
4. Mein Mann, der nach einem ganzen Arbeitsleben plötzlich **arbeitslos** wurde . . .
5. Von **Arbeitslosigkeit** getrieben . . .
6. Jetzt lebt er von **Arbeitslosenhilfe.**

Aufgabe 4   Wortformen erklären, umschreiben und anwenden

– Laut WAHRIG, Deutsches Wörterbuch (1968), bedeutet:
  „. . . **los** (in Zusammensetzungen) *Fehlen oder Mangel an einer Sache, ohne,* z. B. arbeits~, hoffnungs~, verantwortungs ~".
Umschreiben Sie mit Hilfe eines Wörterbuches einige der folgenden Wörter auf **-los** und notieren Sie sich Anwendungsbeispiele.

Beispiele:

	Aus: DUDEN – Deutsches Universalwörterbuch	Aus: WAHRIG, Deutsches Wörterbuch (1980)
kostenlos	*unentgeltlich, gratis*	*ohne Kosten, unentgeltlich, um- sonst; der Eintritt ist ~*
nutzlos	*keinen Nutzen bringend: – es Tun; es ist ganz nutzlos, das zu probieren*	*ohne Nutzen, unergiebig, unfrucht- bar, vergeblich; ~e Anstrengungen, Bemühungen, Mühe, Versuche; es war alles ~; sein Leben ~ aufs Spiel setzen*
wortlos	*ohne Worte; schweigend: – es Verstehen; sich wortlos ansehen;*	*ohne ein Wort zu sagen, schweigend; er drehte sich ~ um und ging*

1. ahnungslos – 2. aussichtslos – 3. ausweglos – 4. bedingungslos – 5. belanglos – 6. bewußtlos –
7. erfolglos – 8. ergebnislos – 9. fassungslos – 10. gedankenlos – 11. gefühllos – 12. geschmacklos –
13. harmlos (!) – 14. hemmungslos – 15. hilflos – 16. hoffnungslos – 17. kinderlos – 18. kopflos – 19.
leblos – 20. lustlos – 21. machtlos – 22. maßlos – 23. mutlos – 24. obdachlos – 25. ratlos – 26. restlos –
27. rücksichtslos – 28. schlaflos – 29. schonungslos – 30. sinnlos – 31. sprachlos – 32. spurlos –
33. trostlos – 34. zwanglos.

Aufgabe 5 **Antonyme/Synonyme bilden**

– Bilden Sie zu einigen der obigen Wörter (in Aufgabe 4) auf **-los** deren Antonyme/Gegenwörter. Überprüfen Sie dazu in jedem Fall Ihre Ergebnisse mit einem Wörterbuch.

Beispiele:
○ ausdruckslos – ausdrucks*stark*
              – ausdrucks*voll*
○ ausnahmslos – — (!)
○ aussichtslos – aussichts*reich*
              – aussichts*voll*
○ ausweglos – — (!)
○ bedeutungslos – bedeutungs*voll*
              – bedeutungs*schwer*
○ nutzlos – (nützlich) (!)
○ wortlos – wort*reich*

Textbeispiele hierzu:

1. Und zweitens werden ethnische Faktoren nur in der Verbindung mit den sozialen Faktoren für
die Nation **bedeutungsvoll.**
2. Als **verhängnisvoll** bezeichnete es Oehme, daß viele Übersiedlungswillige nur unzureichend
über ihre tatsächliche Situation in der Bundesrepublik informiert seien.

C. Das Suffix „-mäßig"

Textbeispiele

> 1. Ihre Annäherung an die sozialistischen Nationen vertieft sich **gesetzmäßig**.
> 2. Das Wort deutsch bezeichnet ja ursprünglich weder ein Volk noch einen Staat, sondern bedeutet „Volk", **„volksmäßig"**.

Aufgabe 6 Wortformen definieren und erläutern

– Definieren und erläutern Sie die folgenden Wortbildungen auf **-mäßig**.

Beispiele:

○ gefühlsmäßig – *was* das Gefühl *(an)betrifft, in bezug auf* das Gefühl
○ terminmäßig – *was* den Termin *betrifft, bezüglich* des Termins
‒ ‒
○ planmäßig – *wie* es dem Plan *entspricht, wie* es der Plan (er)fordert/verlangt/vorschreibt/vorsieht
○ zweckmäßig – *wie* es dem Zweck entspricht, *wie* es der Zweck *(er)fordert*

1. arbeitsmäßig – 2. altersmäßig – 3. fahrplanmäßig – 4. gesetzmäßig – 5. gewohnheitsmäßig – 6. rechtmäßig – 7. unregelmäßig – 8. unvorschriftsmäßig – 9. vorschriftsmäßig – 10. zweckmäßig.

2. Internationalismen in deutschen Texten

Textbeispiel

> – **Sozialistische** deutsche **Nation** in der DDR (1984)
> – Die deutsche **Nation** wurde nach dem Zweiten Weltkrieg durch die deutsche Groß**bourgeoisie** und ausländische **Imperialisten,** insbesondere der USA, gespalten, um eine fortschrittliche **sozialistische** Entwicklung der ganzen **Nation** zu verhindern und wenigstens in einem Teil des ehemaligen Deutschland die Macht**positionen** des **Imperialismus** zu erhalten. Als Ergebnis dieser Entwicklung entstanden zwei deutsche Staaten mit entgegengesetzten gesellschaftlichen **Systemen**: die **sozialistische** DDR und die **monokapitalistische** BRD. In der DDR entwickelt und festigt sich die **sozialistische** deutsche **Nation**.

Aufgabe 7 Internationalismen in deutschsprachigen Texten identifizieren

Untersuchen Sie im Hinblick auf Internationalismen
a) den Text „Sozialistische deutsche Nation in der DDR" (S. 39),
b) die Texte auf den Seiten 38, 42, 43 und 44.

3. Modalitätsangaben in Texten

Im „DUDEN – Deutsches Universalwörterbuch" wird ‚Modalität' u. a. definiert: „(in unterschiedlicher sprachlicher Form ausdrückbares) Verhältnis des Sprechers zur Aussage bzw. der Aussage zur Realität oder Realisierung."

Textbeispiele

1. Wir haben unsere besonderen Schwierigkeiten mit unserem Nationalgefühl. Unsere eigene Geschichte, mit ihrem Licht und ihrem Schatten und unsere geografische Lage im Zentrum Europas haben dazu beigetragen. _____ wir sind nicht die einzigen auf der Welt, die ein schwieriges Vaterland haben.

2. Die Bevölkerung der DDR _____ sich abfinden mit Teilung und Trennung. *Aber* noch deutlicher als vor 23 Jahren sehen wir heute, daß die Mauer dieses Ziel verfehlt.

3. 1967 sind wir ins eigene Häuschen eingezogen, _____ inzwischen waren es fünf Kinder.

4. *Entweder* hat der Begriff keinen Sinn, *oder* ich spreche von einem Land, das auf keiner politischen Landkarte verzeichnet ist. _____ ich von einem Land namens Deutschland spreche, spreche ich *weder* von der DDR *noch* von der BRD, *sondern* von einem Land, das nur in meiner Erinnerung oder Vorstellung existiert.

5. Die Briten haben mehr Verständnis für die Unruhe der Deutschen, fürchten sie _____ nicht minder, wie unsere kleinen Nachbarn auch. _____ in Amerika, das der deutschen Frage lange Zeit mit Gelassenheit gegenüberstand, grassiert ein Unbehagen – und _____ unter Konservativen.

6. _____ den Meinungen rückkehrwilliger DDR-Bürger möchten wir, drei Ehepaare aus Vellmar, unsere Erfahrungen kurz mitteilen.

7. „Dem Herrn Andreotti ist es _____ passiert, daß er etwas deutlicher formulierte, was alle denken". – „Alle" – das ist _____ übertrieben. Die meisten *indes* denken so; auch im Westen. Mauriacs gallisch-galliges Wort schimmert noch heute durch die Leitartikel der französischen Blätter: „Ich liebe Deutschland *so sehr, daß* ich glücklich bin, zwei davon zu haben". _____ ist der Argwohn nirgendwo größer als in Frankreich [. . .].

8. Der Argwohn unserer Nachbarn in Ost und West ist _____ durch bramarbasierende Empörung *allein* nicht zu entkräften. *Auch* braucht die Deutschlandpolitik eine Perspektive, *wenn* sie nicht im Gestrüpp der ideologischen Gegensätze hängenbleiben _____ .

9. Es gibt auch ethnische Gemeinsamkeiten zwischen Deutschen, Österreichern, Schweizern und den französischen Elsässern und Lothringern, _____ es sich um nationale Gemeinsamkeiten handelt.

10. Das Wort „deutsch" bezeichnet _____ ursprünglich *weder* ein Volk *noch* einen Staat, *sondern* bedeutet „Volk", „volksmäßig".

11. Das Wort „deutsch" läßt sich unmißverständlich nur noch als Adjektiv gebrauchen, _____ nicht in bezug auf Staat oder Vaterland, *sondern, soweit* von der Gegenwart die Rede ist, in bezug auf ein einziges Substantiv: Sprache.

12. Charles de Gaulle, der lange Zeit Deutschland nur in seinen Komponenten Preußen, Bayern, Sachsen sehen wollte, bekehrte sich 1959 *zwar* zur Idee der Wiedervereinigung, _____ mit dem ausdrücklichen Vorbehalt [. . .].

13. Oehme hat in Vellmar _____ eine „schöne Wohnung", *dafür aber* „keine Zukunftsperspektive" gefunden.

14. Unser Wille zu dieser Partnerschaft ist keine opportunistische Episode von vorübergehender Dauer und _____ kein Gegensatz zu unserer deutschen Identität, *sondern* _____ ihr unentbehrlicher Bestandteil. Wir haben länger als andere gebraucht und es _____ unter größeren Schmerzen erreicht, zu dieser Lebensform zu kommen. _____ werden wir sie je wieder preisgeben wollen.

Aufgabe 8   Modalitätsangaben in Texten untersuchen

– Setzen Sie die fehlenden Angaben in die obigen leeren Kästchen ein, und überprüfen Sie Ihre Ergebnisse anhand der Texte, aus denen die Beispiele stammen.
– Versuchen Sie, die Modalitätsangaben zusammenzustellen, die das „Verhältnis des Sprechers zur Aussage", anders gesagt, die Modalitäten der Bewertung/Einschätzung, des Kommentars zu den Fakten zum Ausdruck bringen.
– Untersuchen Sie an einigen Modalitätsangaben unterschiedliche Funktionen wie
    ○ Hervorhebung (z. B. *besonders, gerade, selbst, sogar, vielmehr*)
    ○ Einschränkung (z. B. *allerdings, fast, indes(sen), insofern, nur*)
    ○ Kontrastierung (z. B. *aber, dafür aber, doch, jedoch, hingegen*)

Aufgabe 9   Sinnverwandte (synonyme) Modalitätsangaben gruppieren

– Stellen Sie Synonymgruppen zu einigen der folgenden Modalitätsangaben zusammen. Die **halbfett** gesetzten Wörter stammen aus den Textbeispielen.

aber – allerdings – auf alle Fälle – besonders – **dafür aber** – dagegen – das heißt – dennoch – doch – eben – eher – erst recht – eventuell – **fast** – **freilich** – **gar** – **gerade** – **halt** – hingegen – immerhin – **indes**(sen) – insofern – insoweit – **ja** – **jedenfalls** – jedoch – mehr noch – möglicherweise – **nur** – **schon gar nicht** – **selbst** – **sogar** – **solange** – **soweit** – ungefähr – **und zwar** – unter Umständen – **vielleicht** – **vielmehr** – wenigstens – wohl – womöglich – zumindest – **zwar** (. . . **aber**).

Beispiele:

○ **aber:** doch, jedoch
○ **halt:** eben, freilich, nun mal
○ **jedenfalls:** immerhin, wenigstens, auf alle Fälle
○ **selbst:** (so)gar, mehr noch
○ **vielleicht:** eventuell, möglicherweise, wohl, womöglich, unter Umständen

– Überprüfen Sie Ihre Ergebnisse
    a) mit dem Wörterbuch
    b) indem Sie die gefundenen Synonyme in die Textbeispiele einsetzen. Sie sollten dabei bemerken: Was in dem einen Beispiel geht, geht in einem anderen nicht!

Textgrammatik

1. Referenzmittel

A. Textbeispiele

1. Wenn ich es ansehe, denke ich: . . .
2. Die Wörter sind mir vertraut.
3. Es gibt ihn nicht mehr.
4. Ich bin jahrelang damit hausieren gegangen.
5. Endlich hatte ich es geschafft.
6. Ich war sehr stolz darauf.
7. Wenn ich gewollt hätte, hätte ich den Inhalt auswendig hersagen können.
8. Aber dieser Inhalt ging mich gar nichts mehr an.

B. 🔑-Aufgaben

Die Beispiele (A) sind Sätze aus dem Text von Christa Reinig (Seite 51). Die Reihenfolge der Sätze ist nicht verändert worden.

1. Jeder dieser Sätze – für sich alleine betrachtet – ergibt noch keinen Sinn.
   Was ist (sind) Ihrer Meinung nach der Grund (die Gründe) dafür?
2. Formulieren Sie Fragen, die sich dem Leser beim Lesen dieser Sätze stellen (Beispiel: „Wenn ich es ansehe . . .": Wer ist „ich"? Wer ist „es"?).
3. Beantworten Sie diese Fragen mit Hilfe des Originaltextes (Seite 51).
4. a) Unterstreichen Sie die Wörter in den Sätzen, die solche Fragen hervorrufen.
   b) Um welche Wort**arten** handelt es sich vor allem?
5. Wörter, deren Funktion es ist, auf andere Wörter im Text (bzw. auf Sachverhalte in der Realität) zu „verweisen", nennt man **„Referenzmittel"**.
   Suchen Sie weitere Beispiele solcher „Referenzmittel" in einem Text Ihrer Wahl aus diesem Kapitel oder aus einem vorangegangenen Kapitel oder aus einem beliebigen Text.

Übungen

Ü1 Kennzeichnen Sie in dem folgenden Text alle Referenzmittel. Sagen Sie bei jedem Referenzmittel, worauf es „verweist".

Beispiel:
Zeile 1: „dem" verweist auf „ein kleines Mädchen" ODER
       Mit „dem" ist gemeint: „dem kleinen Mädchen".

(Brüder Grimm)

Die Sterntaler

Es war einmal ein kleines Mädchen, dem war Vater und Mutter gestorben, und es war so arm, daß es kein Kämmerchen mehr hatte, darin zu wohnen, und kein Bettchen mehr, darin zu schlafen, und endlich gar nichts mehr als die Kleider auf dem Leib und ein Stückchen Brot in der Hand, das ihm ein mitleidiges Herz geschenkt hatte. Es war aber gut und fromm. Und weil es so von aller Welt verlassen war, ging es im Vertrauen auf den lieben Gott hinaus ins Feld. Da begegnete ihm ein armer Mann, der sprach: »Ach, gib mir etwas zu essen, ich bin so hungrig.« Es reichte ihm das ganze Stückchen Brot und sagte: »Gott segne dir's«, und ging weiter. Da kam ein Kind, das jammerte und sprach: »Es friert mich so an meinem Kopfe, schenk mir etwas, womit ich ihn bedecken kann.« Da tat es seine Mütze ab und gab sie ihm. Und als es noch eine Weile gegangen war, kam wieder ein Kind und hatte kein Leibchen an und fror: da gab es ihm seins; und noch weiter, da bat eins um ein Röcklein, das gab es auch von sich hin. Endlich gelangte es in einen Wald, und es war schon dunkel geworden, da kam noch eins und bat um ein Hemdlein, und das fromme Mädchen dachte: »Es ist dunkle Nacht, da sieht dich niemand, du kannst wohl dein Hemd weggeben«, und zog das Hemd ab und gab es auch noch hin. Und wie sie so stand und gar nichts mehr hatte, fielen auf einmal die Sterne vom Himmel, und waren lauter harte blanke Taler; und ob es gleich sein Hemdlein weggegeben, so hatte es ein neues an, und das war vom allerfeinsten Linnen. Da sammelte es sich die Taler hinein und war reich für sein Lebtag.

Ü 2 **In dem folgenden Text sind alle Referenzmittel durch die Wörter, Satzteile oder Sätze ersetzt worden, auf die sie verweisen. Diese Wörter, Satzteile, Sätze sind** *schräg* **gedruckt. Ersetzen Sie diese** *schräg* **gedruckten Wörter, Satzteile oder Sätze durch passende Referenzmittel.**

Kurt Kusenberg: Nihilit

Ein Mann namens Rotnagel erfand einen neuen Klebstoff, *der Klebstoff* sehr vertrauenswürdig aussah und nach Oleander duftete; viele Frauen bedienten sich *des Klebstoffs,* um angenehm zu riechen. Gegen die Unsitte, *daß viele Frauen sich des Klebstoffs bedienten, um angenehm zu riechen,* kämpfte Rotnagel heftig an – *Rotnagel* wünschte, daß *Rotnagels* Erfindung sinngemäß verwendet werde. Gerade der Wunsch *Rotnagels, daß Rotnagels Erfindung sinngemäß verwendet werde,* aber bot Schwierigkeiten, denn der neue Klebstoff klebte nichts, jedenfalls nichts Bekanntes. Ob Papier oder Metall, Holz oder Porzellan – keines *von Papier oder Metall, Holz oder Porzellan* haftete am gleichen oder an einem fremden Material. Bestrich man einen Gegenstand mit dem Klebstoff, so glitzerte *der Klebstoff* vielversprechend, aber *der Klebstoff* klebte nicht, und *auf das Kleben des Klebstoffs* kam es ja eigentlich an. Trotz *des Nicht-Klebens des Klebstoffs* wurde *der Klebstoff* viel benutzt, weniger aus praktischen Gründen, sondern wegen des herrlichen Oleanderduftes.

2. Kohärenz eines Textes

A. Textbeispiele

1	Nun das Lokalkolorit:
2	Einmal war ich in ein Gefängnis eingedrungen.
3	Alle Türen standen weit offen.
4	Es war leer, die Zellen bis unter die Decke mit Namen bekritzelt.
5	Damals hielt ich mich nicht damit auf.
6	Denn das Gefängnis hatte einen Fehler, es gab kein Holz darin.
7	So zog ich davon, woanders Holz zu schlagen.
8	Nun erinnerte ich mich, Korridore, Türen, Klos, Fensterluken.
9	Ich konnte alle Einzelheiten zusammenkriegen, die insgesamt
10	das Gefängnis ausmachten.
11	Aber ich konnte mich nicht hineinversetzen.
12	Wie lebt man da?
13	Ich wußte es nicht.

B. 🔑-Aufgaben

1. Auch dieser Text enthält **Referenzmittel.**
   a) Unterstreichen Sie diese Referenzmittel.
   b) Unterstreichen Sie die Wörter oder Wortgruppen, auf die die Referenzmittel verweisen (Beispiel: Zeile 4 „es" verweist auf Zeile 2 „Gefängnis").

2. Referenzmittel können innerhalb eines Textes **nach vorne** verweisen oder **zurück** verweisen. Suchen Sie im Text einige Beispiele für diese beiden Möglichkeiten.
3. Referenzmittel sind **eine** wichtige Möglichkeit, innerhalb eines Textes „Zusammenhang" („Kohärenz") herzustellen.

Daneben gibt es noch eine Reihe anderer Möglichkeiten, zum Beispiel
1. **Wiederholung** („Rekurrenz") von
   a) Wörtern,
   b) Wortgruppen oder Satzteilen.
2. **Verbindung** von Wörtern, Wortgruppen, Sätzen durch *„Konjunktionen"*.
3. Auftauchen von Wörtern, deren *Bedeutung etwas miteinander zu tun hat* („thematische Verkettung"); Suchen Sie Beispiele im Text für die genannten Möglichkeiten 1, 2 und 3.
4. Analysieren Sie einen weiteren Text Ihrer Wahl in gleicher Weise.

Übungen

Ü 3 **In dem folgenden Text sind *einige* sprachliche Mittel, die mit dazu beitragen, daß ein Text-*Zusammenhang* entsteht, weggelassen.**

1. Ergänzen Sie diese sprachlichen Mittel wieder.[1]
2. Suchen Sie weitere sprachliche Mittel in dem Text, die mit dazu beitragen, daß ein Text-Zusammenhang entsteht.

Bertolt Brecht
Maßnahmen gegen die Gewalt

In die Wohnung des Herrn Egge, . . . gelernt hatte, nein zu sagen, kam eines Tages in der Zeit der Illegalität ein Agent, . . . zeigte einen Schein vor, . . . ausgestellt war im Namen . . ., . . . die Stadt beherrschten, und auf . . . stand, . . . ihm gehören solle jede Wohnung, in . . . er . . . Fuß setzte; ebenso sollte . . . auch jedes Essen . . ., . . . er verlangte; ebenso . . . . Mann dienen, ... sähe.
Der Agent setzte sich in einen Stuhl, verlangte Essen, wusch sich, legte sich nieder und fragte mit dem Gesicht zur Wand vor dem Einschlafen: „Wirst du mir . . .?"
Herr Egge deckte . . . mit einer . . . zu, vertrieb die Fliegen, bewachte seinen Schlaf, und wie an diesem Tag gehorchte er . . . sieben Jahre lang. Aber was immer . . . für . . . tat, eines zu . . . hütete er sich wohl: das war, ein . . . zu sagen. Als nun die . . . Jahre herum waren und der . . . dick geworden war vom vielen Essen, Schlafen und Befehlen, starb der . . . . Da wickelte . . . Herr Egge in die verdorbene Decke, schleifte . . . aus dem . . ., wusch das Lager, tünchte die Wände, atmete auf und antwortete: „. . . ."

Ü 4 1. **Fügen Sie die folgenden Sätze zu einem Text zusammen. Vergleichen Sie (in der Gruppe) Ihre Ergebnisse.**
2. **Unterstreichen Sie alle sprachlichen Mittel, die (Ihrer Meinung nach) dazu beitragen, den Text-*Zusammenhang* herzustellen; vergleichen Sie (in der Gruppe) Ihre Ergebnisse.**

① Jedenfalls gab er mir bereitwillig Auskunft und zeigte mir Ansichten, die das Objekt von vorn, von hinten und von den Seiten darstellten.

② Obgleich ich wenig von Lokomotiven verstehe, erkundigte ich mich nach Typ, Baujahr und Kolbenweite, um bei dem Mann den Anschein zu erwecken, als habe er es hier mit einem Experten zu tun, der nicht gewillt sei, die Katze im Sack zu kaufen.

③ Denn sie war bereits gebraucht, und obgleich Lokomotiven sich bekanntlich nur sehr langsam abnützen, war ich nicht gewillt, den Katalogpreis zu zahlen.

[1] Fußnote vgl. S. 100 Mitte

④ Nun ist es zwar ziemlich leicht, mir etwas zu verkaufen, denn ich kann schlecht nein sagen, aber bei einer größeren Anschaffung dieser Art schien mir doch Vorsicht am Platze.

⑤ Eines Abends saß ich im Dorfwirtshaus vor (genauer gesagt, hinter) einem Glas Bier, als ein Mann gewöhnlichen Aussehens sich neben mich setzte und mich mit gedämpft-vertraulicher Stimme fragte, ob ich eine Lokomotive kaufen wolle.

⑥ Sie sah gut aus, diese Lokomotive, und ich bestellte sie, nachdem wir uns vorher über den Preis geeinigt hatten.

⑦ Ob ich ihm wirklich diesen Eindruck vermittelte, weiß ich nicht.

⑧ Wolfgang Hildesheimer: Eine größere Anschaffung.

¹) Folgende Wörter können Ihnen dabei helfen: nein, welcher, derer, der, dem, den, die, ihm, ihn, daß, das, sollte, gehören, jeder, er, dienen, tun, Decke, Wort, Haus, Agent, sieben

3. Thema und „Gliederung" eines Textes

A. Textbeispiel

Über das Interpretieren von Gedichten

„Der Leser gehört mit zum Text, den er versteht."
2 Deswegen geben die hier gesammelten Interpretationen die Gedichte wieder, wie sie im Jahre 1965 von diesen bestimmten Lesern gelesen wurden.
4 Schon in wenigen Jahren könnten diese gleichen Gedichte von den gleichen Lesern ein wenig anders gelesen werden.
6 Auch die Auswahl würde anders ausfallen.
Schon heute können von andern oder in anderen Ländern diese gleichen Gedichte etwas anders
8 verstanden werden.
Ein Gedicht ist mehr als die Summe seiner Interpretationen.
10 Um den formulierten „Erfahrungskern" können „multiforme Einzelfälle" anschließen, je nach der sich verändernden Wirklichkeit, innerhalb deren die Gedichte aufgenommen werden.
12 Darüber hinaus ist jede Interpretation nichts anderes als eine Annäherung.
Die Interpretation führt hin an das Gedicht, sie lehrt zunächst einmal genau lesen.
14 Ganz wie der Betrachter eines Bildes zunächst einmal sehen lernen muß, was „da" ist.
Es ist keineswegs selbstverständlich, daß ein jeder das kann oder tut. Sehen lernen, hören lernen,
16 lesen lernen, „was da ist", ist die erste Übung.
Abgesehen davon, daß die Interpretation den Leser lesen lehrt, was da steht, macht sie ihn hell-
18 hörig für das, was im Gesagten mitschwingt, was also nicht – oder so nicht – *da* steht, sondern mitangeschlagen ist.
20 Und sie macht darauf aufmerksam, wie das Gedicht es erreicht, daß das eine gesagt, aber etwas anderes oder mehr gemeint ist.
22 Interpretation führt den Leser bis hin an das Gedicht, sie zeigt ihm, wie er lesen könnte. Dann läßt sie ihn los.
24 Im besten der Fälle steht der Leser nun ein wenig weniger hilflos vor dem Gedicht. Lesen kann er nur für sich allein. Es ist ein *Hic Rhodos*, Springen kann man vormachen. Springen muß jeder
26 selbst.
. . .

B. 🔑-Aufgaben

In einem Text wird in der Regel *ein* Thema behandelt. Je nach Texttyp (z. B. beschreibender Text, argumentierender Text, appellativer Text, . . .) wird das Thema mit verschiedenen Mitteln dargestellt, entfaltet, gegliedert (z. B. These, Antithese, Begründung, Erläuterung/Erklärung, Definition, Beispiel, . . .).

Die Darstellung/Entfaltung/Gliederung des obigen Textes kann man folgendermaßen darstellen:

```
                              ┌──────────────┐
                              │    THEMA     │
                              └──────────────┘

┌──────────┐  ┌──────────┐  ┌──────────┐  ┌──────────┐   ┌──────────────┐
│ THESE 1: │  │ THESE 2: │  │ THESE 3: │  │ THESE 4: │   │ ZUSAMMEN-    │
│ Zeile 2  │  │ Zeile 10 │  │ Zeile... │  │ Zeile... │   │ FASSUNG DER  │
└──────────┘  └──────────┘  └──────────┘  └──────────┘   │ THESEN 3 UND 4:│
                                                          │ Zeile...     │
┌──────────────┐ ┌──────────┐ ┌──────────────┐           └──────────────┘
│ Erläuterungen│ │ Erläuterung│ │ Erläuterung  │
│ 1, 2, 3, 4   │ │ der These 2:│ │ und Ergänzung│          ┌──────────────┐
│ der These 1: │ │ Zeile...   │ │ der These 3: │          │ „Konsequenzen":│
│ Zeilen 3 – 9 │ └──────────┘ │ Zeile...     │          │ Zeile...     │
└──────────────┘              └──────────────┘          └──────────────┘

                              ┌──────────────┐
                              │ Vergleich: Zeile...│
                              └──────────────┘

                              ┌──────────────┐
                              │ Begründung für│
                              │ These 3: Zeile...│
                              └──────────────┘
```

1. Ordnen Sie dieser Gliederung die entsprechenden Teile des Textes zu, z. B.: THESE 1: Zeile 2.
2. Könnte man den Text auch anders gliedern? Machen Sie Vorschläge.
3. Machen Sie eine Gliederung für einen anderen (kurzen) Text Ihrer Wahl.
4. Stellen Sie anderen Kursteilnehmern die Aufgabe, der Gliederung, die Sie gemacht haben, die entsprechenden Teile des Textes zuzuordnen.

Wörter und Texte/Wörter in Texten

1 Sachfelder und Text-Zusammenhang

Aufgabe 1 Textkohärenz in einem Gedicht untersuchen

In dem Gedicht „Robinson I" von Karl Krolow finden sich:

a) *Schiff, Schiffe = verschiedene Fahrzeuge.* Mit diesen Begriffen wird ein größeres Sachfeld angedeutet. Suchen Sie in dem Gedicht weitere Begriffe/Wörter, die zu diesem Sachfeld gehören;

b) die Verben *ausstrecken, fangen* (2×) und *greifen* (auch antonymes *entweichen*), durch die ein weiteres „inhaltliches Feld" angedeutet wird. Suchen Sie die inhaltlichen und sprachlichen Beziehungen dieser Verben im Text;

c) die idiomatische Wendung *jemandem auf die Finger sehen,* die sich auf den „Gegenspieler" zu „ich/ Robinson" bezieht. Was bedeutet die idiomatische Wendung 1) im allgemeinen und 2) hier in dem Gedicht?

— Zur Interpretation seines Gedichtes erklärt Karl Krolow u. a.:
„So geht hier verschiedenes miteinander um,
geht ineinander über,
oder ist doch aufeinander angewiesen: . . .".

Untersuchen Sie, ob sich diese Aussage von Karl Krolow auch auf den sprachlichen Zusammenhalt (vgl. oben a – c) des Gedichtes beziehen läßt.

Beispiel:
Anfangs *fing* ich
Verschiedene Fahrzeuge, die sich
Am Horizont zeigten.
Ich *fange* Forellen so.
Das Verb *fangen* läßt „Forellen (Fische) fangen" übergehen in „Fahrzeuge fangen".
(„Fischefangen" steht im Wörterbuch).

2 Andeuten – nicht aussprechen

Textbeispiel

Hilde Domin

Wer es könnte

Wer es könnte
die Welt
hochwerfen
daß der Wind
hindurchfährt.

Aufgabe 2 Begriffe/Bilder/Wörter eines Textes assoziieren

– *Die Welt* hochwerfen: Im Deutschen kann mit „Welt" verschiedenes bezeichnet werden, so vor allem
 a) *Welt* = Weltall/Universum
 b) *Welt* = Weltkugel/Erdkugel/Globus
Entscheiden Sie, ob es sich in dem Gedicht von Hilde Domin um „Weltall" oder um „Weltkugel" handelt. Begründen Sie Ihre Entscheidung.

– Die Welt *hochwerfen:* Woran denken Sie/was assoziieren Sie in diesem Text-Zusammenhang mit dem Verb „hochwerfen"? – Suchen Sie in Wörterbüchern nach Verwendungsweisen des Verbs „hochwerfen".

– *Daß der Wind hindurchfährt:* Wenn Sie an a) „Wind" und b) (hindurch-)„fahren" denken, werden Sie auf einige Assoziationen kommen, die Sie im Wörterbuch überprüfen sollten.

– Fragt man sich, wie und weshalb denn der „Wind" (1) durch die „hochgeworfene" (2) „Welt" (3) „hindurchfahren" (4) soll, so dürfte es schwierig sein, eine eindeutige Antwort zu finden:
Eine „Sinnkopplung" zwischen „hochwerfen" (a), „Wind" (b) und „(hindurch-)fahren" (c) ergibt sich, wenn man einen Arbeitsvorgang aus der alten Bauernkultur in die Erinnerung zurückruft, nämlich, laut DUDEN-Universalwörterbuch, die Erklärungen zu **worfeln** / **Worfschaufel**. Dort ist zu erfahren: **worfeln,** zu *Wurf/werfen:* das ausgedroschene Getreide mit Hilfe der Worfschaufel von Spreu und Staub reinigen; **Worfschaufel** (früher in der Landwirtschaft), Schaufel, mit der das Getreide beim Worfeln gegen den Wind geworfen wurde. –
Vielleicht kennt der eine oder der andere die deutsche Redensart *Die Spreu vom Weizen trennen,* die zurückgeht auf die Bibel (Matthäus, 3, 12), wo es heißt: „Schon hält er die Schaufel in der Hand; er wird die Spreu vom Weizen trennen und den Weizen in seine Scheune bringen".
Diese deutsche Redensart bedeutet: Wertloses von Wertvollem trennen.
Doch was bedeutet dann in dem Gedicht von Hilde Domin „WELT"? – „Globus", „Universum" (oder was sonst)?

3 „Das eine sagen, aber etwas anderes oder mehr meinen".

Aufgabe 3 Kontiguität in Texten untersuchen

– In dem folgenden Text von Hilde Domin (vgl. oben Seite 53) sind zwei Wörter (Verben) durch Kursivdruck markiert, die den Zusammenhalt (die Kontiguität) des Textes in besonderer Weise herstellen:

„Abgesehen davon, daß die Interpretation den Leser lesen lehrt, was da steht, macht sie ihn hellhörig für das, was im Gesagten *mitschwingt,* was also nicht – oder so nicht – *da* steht, sondern *mitangeschlagen* ist. Und sie macht ihn darauf aufmerksam, wie das Gedicht es erreicht, daß das eine gesagt, aber etwas anderes oder mehr gemeint ist."

Mit den beiden Verben *mitschwingen* und *(mit)anschlagen* ist ein Sachfeld angesprochen. – Welches? Denken Sie hierbei z. B. an (oder suchen Sie in einem Wörterbuch unter): *Glocke(n), Instrument(e), Saite(n), Ton/Töne. –*

– Für Hilde Domin ist das Gedicht „ein gefrorener Augenblick, den jeder Leser wieder ins Fließen, in sein Hier und Jetzt bringt."
 ○ Was assoziieren Sie normalerweise mit den Verben „fließen" und „gefrieren"?
 ○ Drücken Sie das Funktionsverbgefüge „(Gefrorenes) ins Fließen bringen" anders (durch ein synonymes Verb) aus.

Aufgabe 4 **Sachliche und textliche Zusammenhänge in einem Gedicht analysieren**

– In Christa Reinigs Gedicht „Robinson" kommen eine Reihe von Verben (a), Ergänzungen (b) und Angaben (c) vor, die „sachlich" eng zueinander gehören. Einige davon finden Sie in der folgenden Zusammenstellung, wo sie „grammatisch", aber nicht „textlich" geordnet sind. – Stellen Sie die „textliche" Ordnung (des Gedichts) wieder her.

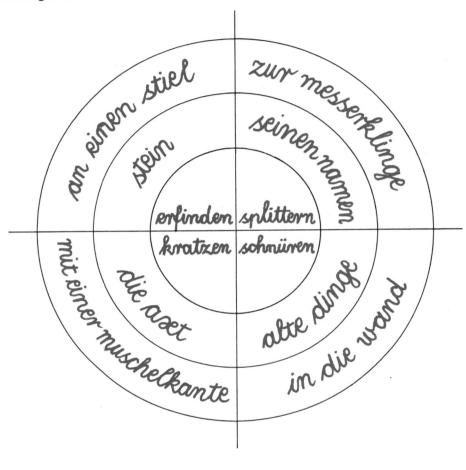

Überprüfen Sie Ihr Ergebnis mit Christa Reinigs Gedicht „Robinson".

Quellenverzeichnis der Texte

S. 14–15 Rainhard Fendrich, Es lebe der Sport, Profil Promotions Veranstaltungsges. mbH & Co. KG, Wien

S. 17 *Stichwörter aus:* Wahrig, Deutsches Wörterbuch (c) Verlagsgruppe Bertelsmann GmbH, 1980 Mosaik Verlag GmbH/Lexikothek Verlag GmbH, München; Werner Schneider, *Auszug aus:* Über Sport, Ringier Buchverlag, München

S. 18 *Text li:* Der Stern 24/80, Gruner + Jahr, Hamburg; *re:* Ulrich Hörnemann

S. 19 *Text o. aus:* Kursbuch Deutschland 85/86, Nr. 10085, W. Goldmann Verlag, München

S. 20 Duell der Panzer, Hessische/Niedersächsische Allgemeine, Kassel

S. 22 Fan bei Schlägerei zu Tode geprügelt, tz, München

S. 22–23 „Da hab' ich ihm auf den Kopf gehauen", Der Spiegel, Hamburg

S. 23 Dieter Hildebrandt, *aus:* ... über die Bundesliga, Ringier Buchverlag, München

S. 24–28 Siegfried Lenz, Der Läufer, *aus:* Jäger des Spotts. Geschichten aus dieser Zeit, Hoffmann und Campe, Hamburg 1958

S. 30 *Text re. aus:* Informationen zur politischen Bildung, Nr. 203 „Die deutsche Frage", Bundeszentrale für politische Bildung, Bonn 1984

S. 31 Hans Weigel, *aus:* Das Land der Deutschen mit der Seele suchend, Diogenes Verlag AG, Zürich

S. 33 *Text o. re. aus:* „Die deutsche Frage", Bundeszentrale für politische Bildung der Bundesrepublik, Bonn

S. 34 Peter Schneider, *aus:* Der Mauerspringer (c) Hermann Luchterhand Verlag, Darmstadt und Neuwied

S. 35 Meinungsumfragen *aus:* „Informationen Nr. 8/9 1983", Emnid-Institut GmbH & Co., Bielefeld

S. 36 Theo Sommer, Lieber zweimal Deutschland als einmal? *aus:* Die Zeit, 21. 9. 84, Zeitverlag, Hamburg